実際の相談事例でわかる！

高年齢者雇用の
トラブル対応
実務

特定社会保険労務士
小林 包美 [著]

第一法規

はじめに

　高年齢就業者数が過去最多を更新する中、定年後再雇用時の契約方法（改正労働基準法施行規則　2024（令和6）年4月施行）から無期転換ルールへの対応、労働・社会保険の再雇用時の手続、高年齢者特有の健康管理、雇用終了時に伴う雇止めルールなど高年齢者雇用に関連するトラブルが多く発生しています。

　また、定年後再雇用については1年ごとの更新など有期雇用契約が多く、正社員との差別化など就業規則その他諸規程整備も必要となります。

　さらに、副業・兼業や更新時労働条件の不利益変更、雇止めの問題など労務管理上のトラブルも近年多くなっています。これらのトラブルとどう向き合い、どのように解決していくかについて、実際に相談等で対応し、解決してきた事例を基に有効な対策とその進め方などを提示しています。

　そして、これらのトラブルの原因となった高年齢者雇用特有の人事・労務管理、労働・社会保険の手続実務などについてもわかりやすく解説しています。

　本書は、第1章から第3章までの3部構成になっています。

　第1章「高年齢者雇用の現状」では、65歳までの高年齢者雇用確保措置の実施状況、70歳までの高年齢者就業確保措置の実施状況、企業における定年制の状況等について、厚生労働省が2024（令和6）年に実施した「高年齢者雇用状況等報告」に基づき高年齢者雇用の実態について分析しました。また、令和3年4月施行　改正高年齢者雇用安定法の概要についても解説しています。

　第2章「高年齢者雇用の人事・労務管理の留意事項」では、高年齢者雇用の人事・労務管理全般で実務的見地から必要と思われる事項を中心に、特に留意すべき点についてわかりやすく解説しています。

　第3章「高年齢者雇用のトラブルと対策」では、高年齢者雇用実務におい

てよく行われる定年後再雇用の雇用契約締結から雇用終了（雇止め、解雇等）に至るトラブル防止などについて、その対策から解決方法、予防措置等の実務ポイントを実際に受けた相談事例（ケース）に即して解説しています。

　第2章と第3章は相互参照できるようになっており、第2章の解説では第3章の関連のある相談事例（ケース）を、第3章の相談事例（ケース）からは根拠となる第2章の解説を参照できるようにしています。

　本書が企業の人事労務担当者、社会保険労務士などの実務家の方々に広く活用され、高年齢者の雇用管理や労働・社会保険の手続実務に少しでも役立てられることを願っています。

　最後に、本書は企画段階より第一法規株式会社の織田恵梨子氏に大変お世話になりました。ここに心よりお礼申し上げます。

2025年2月

特定社会保険労務士

小　林　包　美

凡　例

1　本書の編集方針

　本書は、原則として2024年12月1日時点で公表された情報に基づき構成しております。

　なお、「第1章　高年齢者雇用の現状」は2024年12月20日発表の資料を基に掲載しています。

　本書では「高年齢者」「高齢者」等の用語を用いて解説を行っていますが、何歳以上という統一的な定義を行っていません。これは、法令や制度によって定義が異なるためです。

　例えば、高年齢者雇用安定法では、高年齢者は55歳以上、中高年齢者は45歳以上としています。雇用保険では、65歳以上が高年齢被保険者となります。

　各種制度の対象となる年齢についてはそれぞれの解説にてご確認ください。

2　法令名略語

高年齢者雇用安定法	高年齢者等の雇用の安定等に関する法律（昭和46年5月25日法律第68号）
労基法	労働基準法（昭和22年4月7日法律第49号）
労基法施行規則	労働基準法施行規則（昭和22年8月30日号外厚生省令第23号）
パートタイム・有期雇用労働法	短時間労働者及び有期雇用労働者の雇用管理の改善等に関する法律（平成5年6月18日号外法律第76号）
有期雇用特別措置法	専門的知識等を有する有期雇用労働者等に関する特別措置法（平成26年11月28日号外法律第137号）
科技イノベ活性化法	科学技術・イノベーション創出の活性化に関する法律（平成20年6月11日号外法律第63号）
大学教員等任期法	大学の教員等の任期に関する法律（平成9年6月13日号外法律第82号）
労災保険法	労働者災害補償保険法（昭和22年4月7日法律第50号）

労災保険法施行規則	労働者災害補償保険法施行規則（昭和30年9月1日号外労働省令第22号）
安衛法	労働安全衛生法（昭和47年6月8日法律第57号）
安衛令	労働安全衛生法施行令（昭和47年8月19日政令第318号）
安衛則	労働安全衛生規則（昭和47年9月30日号外労働省令第32号）
育児・介護休業法	育児休業、介護休業等育児又は家族介護を行う労働者の福祉に関する法律（平成3年5月15日号外法律第76号）
育児・介護休業法施行規則	育児休業、介護休業等育児又は家族介護を行う労働者の福祉に関する法律施行規則（平成3年10月15日労働省令第25号）

3 裁判例の書誌情報事項

裁判所・裁判形式略語

最判	最高裁判所判決
高判	高等裁判所判決
地判	地方裁判所判決

判例集略語

民集	最高裁判所民事判例集
集民	最高裁判所裁判集民事
労判	労働判例

目次

はじめに

凡例

第1章　高年齢者雇用の現状

1　65歳までの高年齢者雇用確保措置の実施状況 ················· 2

2　70歳までの高年齢者就業確保措置の実施状況 ················· 5

3　企業における定年制の状況 ······································· 8

4　令和3年4月施行　改正高年齢者雇用安定法の概要 ············· 11

　　COLUMN　高年齢者就業確保措置の対象者基準

第2章　高年齢者雇用の人事・労務管理の留意事項

1　高年齢者雇用における労働条件等の明確化 ······················ 18

2　高年齢者雇用における無期転換ルールとその特例 ················ 25

3　高年齢者雇用における労働・社会保険の適用等 ·················· 32

　　COLUMN　70歳に到達した時の社会保険の届出（厚生年金保険法施
　　　　　　行規則第15条の2）

4　高年齢者雇用における労働・社会保険の給付等 ·················· 45

　　COLUMN　高年齢求職者給付金（一時金）（雇用保険法第37条の4）

5　高年齢者雇用に関する健康管理等 ······························· 61

6　高年齢者雇用における就業規則等の整備 ························· 72

　　COLUMN　就業規則周知に関するイントラネット方式の留意点

7　高年齢者雇用の終了（雇止め、退職勧奨、解雇） ················ 81

　　COLUMN　退職証明書の交付

8　高年齢者雇用における人事・労務管理上の課題 ·················· 88

　　COLUMN　定年後再雇用者の継続雇用拒否

第3章　高年齢者雇用のトラブルと対策

1　トラブルの多い定年後再雇用時の雇用契約等 ……………………… 98

CASE 1-1　定年後再雇用契約時に書面明示しなかったことによるトラブル
……………………………………………………………………………… 98

CASE 1-2　定年後再雇用契約時に更新上限についての説明不十分による
トラブル ……………………………………………………………… 102

CASE 1-3　無期転換申込権発生時点において、転換後の労働条件の
明示不十分によるトラブル ………………………………………… 105

2　知らないとトラブルになる無期転換制度と特例申請手続 ………… 109

CASE 2-1　定年後再雇用等における無期転換制度（5年ルール）のトラ
ブル …………………………………………………………………… 109

CASE 2-2　有期契約労働者の無期転換制度「特例」申請手続のトラブル … 113

CASE 2-3　無期転換申込権の発生とクーリング期間についてのトラブル … 118

3　労働・社会保険適用に伴うトラブル防止実務 ……………………… 121

CASE 3-1　高年齢者の雇用保険適用（マルチジョブホルダー制度）のト
ラブル ………………………………………………………………… 121

CASE 3-2　定年後再雇用時の雇用保険適用（短時間勤務による適用除
外）についてのトラブル …………………………………………… 125

CASE 3-3　高年齢者出向に関する雇用保険の取扱いに関するトラブル … 128

CASE 3-4　定年後再雇用時の社会保険同日得喪（社会保険料の減額）に
関するトラブル ……………………………………………………… 132

CASE 3-5　高年齢者の勤務時間変更による社会保険適用のトラブル……… 136

CASE 3-6　複数の雇用関係に基づく社会保険加入申請のトラブル ………… 139

4 労働・社会保険給付に伴うトラブル防止実務 ……………………… 143

CASE 4-1 高年齢雇用継続基本給付金の手続に関するトラブル …………… 143

CASE 4-2 介護休業給付（対象家族への介護対応）拒否によるトラブル … 147

COLUMN 介護休業給付の再受給

CASE 4-3 副業時の事業場間移動で労災事故にあったことによるトラブル… 152

5 高年齢者雇用の健康管理等のトラブル防止実務 ……………………… 155

CASE 5-1 定期健康診断の確実な実施（嘱託、パート等短時間就労者へ
の実施）に関するトラブル ………………………………………… 155

CASE 5-2 高年齢者の健康診断と就業上の適切な措置に関するトラブル … 158

COLUMN 海外派遣労働者に対する健康診断

CASE 5-3 高年齢労働者のメンタルヘルス対応と休職に関するトラブル … 163

CASE 5-4 高年齢者の健康管理の留意事項（深夜労働、長時間労働等へ
の対応）に関するトラブル ………………………………………… 166

6 高年齢者雇用の就業規則、諸規程の整備ポイント ………………… 170

CASE 6-1 高年齢者用就業規則等の作成に関するトラブル …………………… 170

CASE 6-2 無期転換ルール対応等に関するトラブル …………………………… 174

COLUMN 無期転換後の就業規則

7 雇用終了（雇止め・解雇等）に伴うトラブル防止実務 ………………… 177

CASE 7-1 経営状況の悪化により、再雇用契約期間の途中で雇止めをし
たことによるトラブル………………………………………………… 177

COLUMN 労働契約期間の満了

CASE 7-2 無期転換を避けるための急な雇止めに関するトラブル …………… 182

ix

CASE 7-3　再雇用の休職者に対して退職勧奨することによるトラブル …… 186

COLUMN　リハビリ出勤

CASE 7-4　勤務態度不良の定年後再雇用者の解雇の取扱いに関するトラ
ブル ……………………………………………………………………… 190

COLUMN　解雇事由の明示・就業規則等への記載

8　高年齢者雇用における人事・労務管理上のトラブル防止実務 ……………… 194

CASE 8-1　再雇用者の副業を拒否したことによるトラブル ………………… 194

COLUMN　休職期間中の副業・兼業等

CASE 8-2　再雇用時に賃金を減額することによるトラブル ………………… 198

CASE 8-3　介護休業を拒否したことによるトラブル ………………………… 201

第**1**章

高年齢者雇用の現状

高年齢者雇用の現状について、厚生労働省「高年齢者雇用状況等報告」の集計結果、近年の法改正に基づき解説しています。

1 65歳までの高年齢者雇用確保措置の実施状況

　「高年齢者等の雇用の安定等に関する法律（昭和46年法律第68号。以下「高年齢者雇用安定法」といいます。）」では、65歳までの雇用の確保を目的として、「定年制の廃止」や「定年の引上げ」、「継続雇用制度の導入」のいずれかの措置（高年齢者雇用確保措置）を講じるよう企業に義務づけています。

高年齢者雇用確保措置の実施状況

　厚生労働省が2024（令和6）年に実施した「令和6年『高年齢者雇用状況等報告』」（2024（令和6）年6月1日現在、従業員21人以上の企業237,052社（内訳：中小企業（21～300人規模219,992社）、大企業（301人以上規模）17,060社）からの回答に基づく）によれば、65歳までの高年齢者雇用確保措置（以下「雇用確保措置」といいます。）を実施済みの企業（236,920社）は、報告した企業全体の99.9%［変動なし］で、中小企業では99.9%［変動なし］、大企業では100.0%［0.1ポイント増加］となっています（［　］内は対前年差。以下同）。

　また、雇用確保措置を実施済みと報告した企業（236,920社）について、雇用確保措置の措置内容別に見ると、定年制の廃止（9,247社）は3.9%［変動なし］、定年の引上げ（68,099社）は28.7%［1.8ポイント増加］、継続雇用制度の導入（159,574社）は67.4%［1.8ポイント減少］となっています（図表1参照）。

　「継続雇用制度の導入」を行うことで雇用確保措置を講じている企業（159,574社）を対象に、継続雇用制度の内容を見ると、希望者全員を対象とする制度を導入している企業は86.2%［1.6ポイント増加］で、中小企業では87.6%［1.5ポイント増加］、大企業では71.1%［3.0ポイント増加］となっています（図表2参照）。

　なお、経過措置に基づき、対象者を限定する基準がある継続雇用制度を導入している企業（経過措置適用企業）の割合は、減少傾向にあります。企業

第 1 章　高年齢者雇用の現状

規模計では13.8％［1.6ポイント減少］でしたが、大企業に限ると28.9％
［3.0ポイント減少］でした。

■雇用確保措置

> 　高年齢者雇用安定法第９条第１項に基づき、定年を65歳未満に定め
> ている事業主は、雇用する高年齢者の65歳までの安定した雇用を確保
> するため、以下のいずれかの措置を講じなければならないとされていま
> す。
> ① 定年制の廃止、②定年の引上げ、③継続雇用制度の導入
> 　高年齢者雇用確保措置の実施に係る公共職業安定所の指導を繰り返し
> 受けたにもかかわらず何ら具体的な取り組みを行わない企業には、勧告
> 書の発出、勧告に従わない場合は企業名の公表を行う場合があります。

■継続雇用制度

> 　継続雇用制度とは、現に雇用している高年齢者が希望するときは、当
> 該高年齢者をその定年後も引き続いて雇用する制度（再雇用制度・勤務
> 延長制度等）をいいます。2012（平成24）年９月５日付の高年齢者雇
> 用安定法の改正により、2013（平成25）年度以降、制度の適用者は原
> 則として「希望者全員」となりました。
> 　なお、2012（平成24）年度までに労使協定により継続雇用制度の対
> 象者を限定する基準を定めていた場合、2025（令和７）年３月31日ま
> では基準を適用可能です（経過措置）。

■図表1　雇用確保措置の内訳

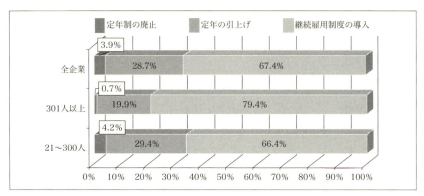

出典：厚生労働省「令和6年『高年齢者雇用状況等報告』の集計結果」
　　　以下第1章の図表について出典同じ。

■図表2　継続雇用制度の内訳

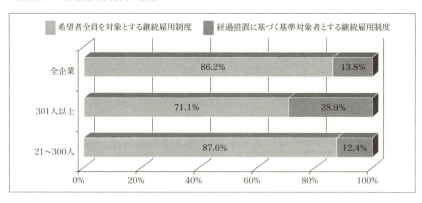

2 70歳までの高年齢者就業確保措置の実施状況

　70歳までの就業機会の確保を目的として、「定年制の廃止」や「定年の引上げ」、「継続雇用制度の導入」という雇用による措置や、高年齢者が希望する場合の「業務委託契約を締結する制度の導入」、「社会貢献事業に従事できる制度の導入」という雇用以外の措置のいずれかの措置（高年齢者就業確保措置）を講じるように努めることを企業に義務づけています。

　高年齢者就業確保措置（以下「就業確保措置」といいます。）を実施済みの企業（75,643社）は、報告した企業全体の31.9％［2.2ポイント増加］で、中小企業では32.4％［2.1ポイント増加］、大企業では25.5％［2.7ポイント増加］となっています（図表3参照）。

■図表3　就業確保措置の内訳

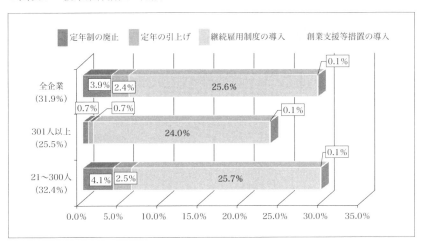

　就業確保措置を実施済みと報告した企業（75,643社）について措置内容別に見ると、定年制の廃止（9,247社）は3.9％［変動なし］、定年の引上げ（5,690社）は2.4％［0.1ポイント増加］、継続雇用制度の導入（60,570社）は25.6％［2.1ポイント増加］、創業支援等措置の導入（136社）は0.1％［変

動なし〕となっています。

■就業確保措置

　高年齢者雇用安定法第10条の2に基づき、定年を65歳以上70歳未満に定めている事業主または65歳までの継続雇用制度（70歳以上まで引き続き雇用する制度を除く）を導入している事業主は、その雇用する高年齢者について、次に掲げるいずれかの措置を講ずることにより、65歳から70歳までの就業を確保するよう努めなければならないとされています。

① 定年制の廃止

② 定年の引上げ

③ 継続雇用制度の導入

④ 業務委託契約を締結する制度の導入

⑤ 社会貢献事業に従事できる制度の導入（事業主が自ら実施する社会貢献事業または事業主が委託、出資（資金提供）等する団体が行う社会貢献事業）

　高年齢者雇用安定法における「社会貢献事業」とは、不特定かつ多数の者の利益に資することを目的とした事業のことです。「社会貢献事業」に該当するかどうかは、事業の性質や内容等を勘案して個別に判断されることになります。

■創業支援等措置

　上記の就業確保に係る措置のうち、④業務委託契約を締結する制度の導入および⑤社会貢献事業に従事できる制度の導入という雇用以外の措置を「創業支援等措置」といいます。

　創業支援等措置を導入する場合は、実施計画を作成し、過半数労働組合等の同意を得た上で、同計画を周知する必要があります。

なお、過半数労働組合等とは、労働者の過半数を代表する労働組合がある場合にはその労働組合、そして労働者の過半数を代表する労働組合がない場合には労働者の過半数を代表する者を指します。

労働者の過半数を代表する者を選出する際の留意事項としては、労基法第41条第2号に規定する「監督若しくは管理の地位にある者又は機密の事務を取り扱う者」でないこと等が必要です。

また、同意を得ようとする際には、過半数労働組合等に対して、
①労働関係法令が適用されない働き方であること
②そのために計画を定めること
③創業支援等措置を選択する理由を十分に説明すること
が必要です。

創業支援等措置による就業は、労働関係法令による労働者保護（労災保険など）の適用がないため、創業支援等措置により就業する高年齢者には、計画を記載した書面を交付し、創業支援等措置を選択する理由を丁寧に説明して本人の納得を得るように努めることが必要です。

3 企業における定年制の状況

定年制とは、労働者が一定の年齢に到達したことをもって労働契約の終了事由とする制度です。

報告した企業における定年制の状況について、定年年齢別に見ると次のとおりとなっています（図表4参照）。

■図表4　企業における定年制の状況

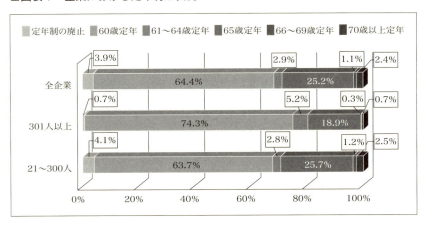

「定年を65歳とする企業」は25.2％と実施率はまだ低い状況ですが、対前年差で1.7ポイント増加と少しずつ増えてきています。

・定年制を廃止している企業（9,247社）は3.9％［変動なし］
・定年を60歳とする企業（152,776社）は64.4％［2.0ポイント減少］
・定年を61～64歳とする企業（6,930社）は2.9％［0.2ポイント増加］
・定年を65歳とする企業（59,693社）は25.2％［1.7ポイント増加］
・定年を66～69歳とする企業（2,716社）は1.1％［変動なし］
・定年を70歳以上とする企業（5,690社）は2.4％［0.1ポイント増加］

第1章　高年齢者雇用の現状

「高年齢者雇用状況等報告」の集計結果からみる 高年齢者雇用の主なポイント

※［　］は対前年差

（1）65歳までの「高年齢者雇用確保措置」の実施状況

　65歳までの高年齢者雇用確保措置を実施済みの企業は99.9％［変動なし］と100％に近い水準になっています。

　また、高年齢者雇用確保措置の措置内容別の内訳は、「継続雇用制度の導入」により実施している企業が67.4％［1.8ポイント減少］、「定年の引上げ」により実施している企業は28.7％［1.8ポイント増加］、「定年制の廃止」は3.9％［変動なし］となっています。

　継続雇用制度の導入により雇用確保措置を講じている企業を対象に、継続雇用制度の内容を見ると、希望者全員を対象とする継続雇用制度を導入している企業は86.2％［1.6ポイント増加］で、中小企業では87.6％［1.5ポイント増加］、大企業では71.1％［3.0ポイント増加］となっています。

　65歳までの雇用確保措置は中小企業も含めて100％近く実施され、「希望者全員を対象とする継続雇用制度の導入」や「定年の引上げ」を選択する企業が多く、「定年制の廃止」は少数派となっています。

　なお、定年後再雇用された有期契約労働者に対しては、労働契約法の無期転換ルールの特例を適用することが可能ですが、特殊関係事業主以外の他社に継続雇用される場合は、特例対象にならず、無期転換申込権が発生するので注意が必要です。

（2）70歳までの「高年齢者就業確保措置」の実施状況

　70歳までの高年齢者就業確保措置を実施済みの企業は31.9％［2.2ポイント増加］で、中小企業では32.4％［2.1ポイント増加］で、大企業では25.5％［2.7ポイント増加］となっています。

9

70歳までの就業確保措置は約30％実施されていますが、少しずつ増えている状況です。

措置内容では、「継続雇用制度の導入」が最も多く、次に「定年制の廃止」となっています。業務委託契約や社会貢献事業に従事する「創業等支援措置の導入」は0.1％と少ない状況です。

なお、70歳までの継続雇用制度は、制度的に65歳までの継続雇用制度といくつか異なる点があります。まず、努力義務であることから、対象者基準を設けて対象者を限定することができます。基準は、過去の人事考課や出勤率、健康診断結果等具体的・客観的なものとする必要があり、「会社が必要と認めた者に限る」というような抽象的な基準や「男性のみに限る」といった不適切な基準は認められない可能性があるので注意してください。

また、継続雇用先については、自社や子会社・関連会社等の特殊関係事業主に加えて、それ以外の他社も含まれます。特殊関係事業主またはそれ以外の他社で継続雇用する場合は、自社と特殊関係事業主等との間で、高年齢者を継続して雇用することを約する契約を締結する必要があります。

（3）企業における定年制の状況

70歳までの雇用・就業機会確保に対する社会的要請が高まる中、65歳以上定年企業（定年制の廃止企業を含む）は32.6％［1.8ポイント増加］となっています。

定年制を廃止する企業は3.9％とまだ少数ですが、65歳以上を定年とする企業は少しずつ増加しています。

参考：厚生労働省「令和6年『高年齢者雇用状況等報告』の集計結果」
　　　https://www.mhlw.go.jp/content/11703000/001357147.pdf

第1章　高年齢者雇用の現状

4　令和3年4月施行　改正高年齢者雇用安定法の概要

（1）改正の目的・ポイント

　少子高齢化が急速に進展し人口が減少する中で、経済社会の活力を維持するため、働く意欲がある高年齢者がその能力を十分に発揮できるように、高年齢者が活躍できる環境の整備を目的として、「高年齢者等の雇用の安定等に関する法律」（高年齢者雇用安定法）の一部が改正され、2021（令和3）年4月1日から施行されています。

　主な改正の内容として、事業主は、

---

① 70歳までの定年引上げ

② 定年制の廃止

③ 70歳までの継続雇用制度（再雇用制度・勤務延長制度）の導入

　（特殊関係事業主に加えて、他の事業主によるものを含む）

④ 70歳まで継続的に業務委託契約を締結する制度の導入

⑤ 70歳まで継続的に以下の事業に従事できる制度の導入

　ア．事業主が自ら実施する社会貢献事業

　イ．事業主が委託、出資（資金提供）等する団体が行う社会貢献事業

のいずれかの措置を講ずるよう努めることとされています。

　なお、いずれの措置を講ずるかについては、労使間で十分に協議を行い、高年齢者のニーズに応じた措置を講じることが必要です。

　また、複数の措置により、70歳までの就業機会を確保することも可能ですが、個々の高年齢者にいずれの措置を適用するかについては、個々の高年齢者の希望を聴取し、これを十分に尊重して決定する必要があります。

　この改正は、個々の労働者の多様な特性やニーズを踏まえ、70歳までの就業機会の確保について、多様な選択肢を法制度上整え、事業主としていずれかの措置を制度化する努力義務を設けるものであり、70歳までの定年年

11

齢の引上げを義務づけるものではありません。

　その他、高年齢者が離職する際に事業主が講ずべき措置等についても改正されており、各事業主においては、70歳までの高年齢者の離職について注意が必要です。

　なお、就業確保措置を講ずることによる70歳までの就業機会の確保を努力義務としているため、措置を講じていない場合は努力義務を満たしていることにはなりません。また、④⑤の創業支援等措置に関しては「過半数労働組合等の同意を得た措置を講ずること」を求めているため、過半数労働組合等の同意を得られていない創業支援等措置を講ずる場合も努力義務を満たしていることにはなりませんので注意してください。

■高年齢者が離職する際に事業主が講ずべき措置等

① 再就職援助措置（努力義務）

　　解雇等により離職する高年齢者等が再就職を希望するときは、

　　ア．求職活動に対する経済的支援

　　イ．求人の開拓、求人情報の収集・提供、再就職のあっせん

　　ウ．再就職に資する教育訓練等の実施、受講のあっせん

　などの再就職援助措置を講ずるよう努めることとされています。

② 多数離職届（義務）

　　同一の事業所において、１カ月以内に５人以上の高年齢者等が解雇等により離職する場合は、離職者数や当該高年齢者等に関する情報等を、当該届出に係る離職予定日（離職の全部が同一の日に生じない場合は、当該届出に係る最後の離職予定日）の１カ月前までに公共職業安定所に届け出なければなりません。

　　多数離職の届出をしない場合、過料の対象となることがありますので注意が必要です。

③ 求職活動支援書（義務）

　　解雇等により離職することとなっている高年齢者等（45歳以上65

歳未満）が希望するときは、離職することが決まった後、速やかに次の事項を記載した「求職活動支援書」を作成し、本人に交付しなければなりません。

〈求職活動支援書に記載する事項〉

・氏名、年齢、性別

・離職予定日（離職予定日が未定の場合はその時期）

・職務の経歴（従事した主な業務の内容、実務経験、業績および達成事項等）

・有する資格、免許、受講した講習

・有する技能、知識、その他の職業能力に関する事項

・その他の再就職に資する事項　※解雇等の離職理由は記載しません。

（2）就業確保措置の内容

① 対象者基準について

　高年齢者就業確保措置は努力義務ですから、対象者を限定する基準を設けることが可能です。ただし、対象者基準を設ける場合には、次の事項に留意する必要があります。

・対象者基準の内容は、原則として労使に委ねられるものですが、事業主と過半数労働組合等との間で十分に協議した上で、過半数労働組合等の同意を得ることが望ましいこと。

・労使間で十分に協議の上で設けられた基準であっても、事業主が恣意的に一部の高年齢者を排除しようとするなど法の趣旨や、他の労働関係法令・公序良俗に反するものは認められないこと。

② 労使で協議すべき事項

・高年齢者就業確保措置の5つの措置のうち、いずれかの措置を講ずるかについては、労使間で十分に協議を行い、高年齢者のニーズに応じた措置を講じることが望ましいとされています。

・前記（1）に記載の①〜⑤のいずれか一つの措置により70歳までの就業機会を確保することの他、複数の措置により70歳までの就業機会を確保することも可能です。

　個々の高年齢者にいずれの措置を適用するかについては、当該高年齢者の希望を聴取し、これを十分に尊重して決定する必要があります。

③ 70歳までの継続雇用制度について

　ア．65歳以降の継続雇用の範囲

　　　65歳以降は、子会社等の特殊関係事業主に加えて、それ以外の他社で継続雇用する制度も可能になります。

　　　対象となる高年齢者の年齢に応じて、継続雇用することができる事業主の範囲が広がります。

　　・60歳以上65歳未満が対象の場合：自社、特殊関係事業主

　　・65歳以上70歳未満が対象の場合：自社、特殊関係事業主に加え、特殊関係事業主以外の他社

　　■特殊関係事業主とは

> 自社の「子法人等」、「親法人等」、「親法人等の子法人等」、「関連法人等」、「親法人等の関連法人等」を指します。

　イ．特殊関係事業主等で継続雇用を行う場合に必要な対応

　　　特殊関係事業主等（特殊関係事業主または特殊関係事業主以外の他社）で継続雇用する場合には、自社と特殊関係事業主等との間で、特殊関係事業主等が高年齢者を継続して雇用することを約する契約を締結する必要があります。この契約は、書面により締結することが必要です。

　　■特殊関係事業主等で継続雇用する際の注意点

> ・他社で継続雇用する場合にも、可能な限り個々の高年齢者のニ

ーズや知識・経験・能力等に応じた業務内容および労働条件とすることが必要です。

・他社において、継続雇用の対象となる高年齢者の知識・経験・能力に対するニーズがあり、これらが活用される業務があるか十分に協議した上で、自社と他社との間での契約を締結することが必要です。

ウ．無期転換ルールの特例について

　同一の使用者との間で、有期労働契約が通算5年を超えて繰り返し更新された場合に、労働者の申込みにより、無期労働契約に転換します。

　適切な雇用管理に関する計画を作成し、都道府県労働局長の認定を受けた事業主（特殊関係事業主を含む）の下で、定年後に引き続いて雇用される期間は無期転換申込権が発生しません（65歳を超えて引き続き雇用する場合にも無期転換申込権は発生しません。）。

　一方で、特殊関係事業主以外の他社で継続雇用される場合には、特例の対象にならず、無期転換申込権が発生しますので注意してください。

(3) その他

・高年齢者が定年前とは異なる業務に就く場合には、新しく従事する業務に関して研修、教育、訓練等を行うことが必要です。特に、雇用による措置（①定年の引上げ、②定年制の廃止、③継続雇用制度の導入）を講じる場合には、安全または衛生のための教育を行うことが必要です。

・労働災害による休業4日以上の死傷者数のうち、60歳以上の労働者の占める割合が増加傾向であることも踏まえて、高年齢者が安全に働ける環境づくりのため、高年齢者就業確保措置（創業支援等措置を含む）により働く高年齢者について、「高年齢労働者の安全と健康確保のためのガイドライン」を参考に、職場環境の改善や健康や体力の状況把握とそ

れに応じた対応等、就業上の災害防止対策に積極的に取り組むことが必要です。

COLUMN

高年齢者就業確保措置の対象者基準

高年齢者就業確保措置は努力義務ですから、対象者を限定する基準を設けることが可能です。ただし、対象者の基準を設ける場合には、次の事項に留意する必要があります。

①対象者基準の内容は、原則として労使に委ねられるものですが、事業主と過半数労働組合等との間で十分に協議した上で、過半数労働組合等の同意を得ることが望ましいこと

②労使間で十分に協議の上で設けられた基準であっても、事業主が恣意的に一部の高年齢者を排除しようとする等高年齢者雇用安定法の趣旨や、他の労働関係法令・公序良俗に反するものは認められないこと

〈不適切な例〉

・会社が必要と認めた者に限る

・上司の推薦がある者に限る

・男性（女性）に限る

・組合活動に従事していない者に限る

第 **2** 章

高年齢者雇用の
人事・労務管理の留意事項

高年齢者雇用の人事・労務管理全般で実務的見地から必要と思われる事項を中心に、特に留意すべき点についてわかりやすく解説しています。

1 高年齢者雇用における労働条件等の明確化

労基法施行規則等の改正に伴い、2024（令和6）年4月1日から労働契約締結時の労働条件明示事項を追加し、労働契約の明確化をはかるとともに、無期転換ルールの適切な活用を促す見直しも行われています。新しいルールが適用されるのは、2024（令和6）年4月1日以降に契約締結・更新をする労働者です。

ただし、トラブル防止のため、制度改正以前から労働契約を結んでいる労働者についても、変更の範囲を明示することを検討する必要があります。

（1）労働契約の締結（契約内容の理解・確認）

➡ 第3章　CASE 1-1　CASE 1-2　参照

① 労働契約の原則

高年齢労働者の労働条件の明確化をはかることは、その労働条件の確保をはかるうえで極めて重要であり、このことはまた、労働条件をめぐるトラブルの減少による労使関係の安定にも資することになります。

高年齢労働者に対する労働条件の明示状況をみると、中小企業の場合は、まだ口頭によるものもあり、内容的にも不十分なものが多くみられます。特に、高年齢労働者の労働条件は通常の労働者のそれとは別に取り扱われることが多く、少なくとも基本的な労働条件は必ず書面により明示すべきです（労基法第15条）。

労働契約は、労働者が使用者に使用されて労働する義務を負うこと、使用者が提供された労務の対価として賃金を支払うことを、労使当事者間の合意によって約束するものです。労使双方とも、労働契約関係に入るということは、契約で決められた内容に従い、相互の信頼関係の下で、それぞれ相手方に対して義務を履行するということです（労基法第2条、労働契約法第3条）。

高年齢労働者を雇い入れる際には、使用者が高年齢労働者に労働条件を提示するのが通常ですが、特に、労使間では情報量や交渉力に実質的に差

があります。そのため、高年齢労働者側も、提示された労働条件を実はあまりよく理解していないまま承諾してしまったり、ただ契約書類に署名してしまうことも往々にしてよくあることです。労使双方の認識の食い違いをそのままにしておくと、後のトラブルの原因になってしまいます。

このため、最初に契約するときに、使用者がその内容を十分に説明しておくこと、疑問点等がある場合には、労使双方で確認をとっておくことが重要です。

そして、このことは、契約を締結するときだけでなく、契約の途中で労働条件を変更するときや高年齢労働者から説明を求められたときにも当てはまります。適宜説明や書面確認をするようにすることが必要です。

② 有期労働契約による場合の留意点

高年齢労働者のパートタイマーや嘱託者等の場合は、6カ月、1年等の有期労働契約が多いです。有期労働契約によるパートタイマー、嘱託等については、労働契約を締結するときに、更新に関する事項（更新の有無、更新する場合の判断の基準等）も明示しておく必要があります（労基法施行規則第5条第1項第1号の2）。この場合は、労働条件通知書等の書面で併せて明示することが必要です。そして、更新条件を途中で変更した場合や、更新契約の際にも、その都度書面で確認しておくことが重要です。

また、1カ月、2カ月と細かく期間設定をして結果的に何度も更新しているケースもみられますが、労働者にとっては不安定な立場に置かれてしまいます。本来の契約の趣旨・目的や業務の実態に合った期間設定を行うよう配慮することが必要です。

③ 有期労働契約をめぐるトラブル

有期労働契約の場合に特にトラブルが多いのは、契約の更新や雇止めをめぐる場面です。有期労働契約の期間満了ごとに何度も更新される場合も多くみられますが、有期労働契約を反復更新した後、会社側から労働者に対して突然雇止め通告をしてトラブルになるケースが増えています。

トラブル防止のためには、最初の契約と更新時の契約を結ぶときがポイ

ントです。労働条件、更新条件等をあいまいにしたままにせず、口頭では
なく書面で明確に表示し、労使当事者間で各項目について必ず確認してお
くことが重要です。

（2）労働条件の明示

➡ 第3章 CASE 1-1 CASE 1-3 参照

労働条件の明示とは、労働契約を結ぶ（更新の場合も含む）際、使用者が
労働者に対し、契約期間、就業場所や業務、労働時間や休日、賃金、退職等
に関する事項を明示することです。

無期転換ルールにより無期労働契約が成立する際も、無期転換後の労働条
件を明示する必要があります（労基法施行規則第5条第6項）。

また、労働条件のうち、特定の事項については、書面の交付による明示が
必要ですので注意してください。なお、明示方法ですが、労働者が希望した
場合は、書面の交付によらず、ファクシミリの送信、電子メール等の送信に
より明示することも可能です（労基法施行規則第5条第4項）。

■明示事項（労基法施行規則第5条）

① 労働契約の期間

② 期間の定めのある労働契約を更新する場合の基準

③ 就業の場所および従事すべき業務

④ 始業および終業の時刻、休憩時間、休日等

⑤ 賃金、昇給

⑥ 退職

⑦ 退職手当

⑧ 臨時に支払われる賃金（退職手当を除く）、賞与および最低賃金額等

⑨ 労働者に負担させるべき食費、作業用品その他

⑩ 安全および衛生

⑪ 職業訓練

⑫ 災害補償および業務外の傷病扶助

⑬ 表彰および制裁

⑭ 休職

①～⑥（昇給は除く）については、書面を交付して明示しなければなりません。

⑦～⑭については、使用者がこれらに関する定めを設ける場合は、明示する必要があります。

なお、2024（令和6）年4月1日から、労働条件明示事項に関する労基法施行規則の改正が行われました。

労働契約の締結に際し、使用者は労働者に対し、所定の労働条件を明示する必要がありますが、今回の改正では、労働契約の締結または更新のタイミングで明示すべき労働条件として、以下の事項が追加されました。

① 就業の場所および従事すべき業務の変更の範囲

② 有期労働契約の通算契約期間または更新回数の上限

③ 無期転換申込権が発生する場合の無期転換申込機会と無期転換後の
　 労働条件

上記①の「就業の場所および従事すべき業務の変更の範囲」の明示については、例えば就業場所は「東京本社」、従事すべき業務は「本社における商品または営業の企画業務」という記載が必要となります。

さらに、上記②については、有期労働契約締結・更新時に更新の上限を設定し、あるいは短縮する場合は「契約期間は通算4年を上限とする」等、その上限を具体的に明示する必要があります。併せて、更新上限の設定・短縮を行う前のタイミングで、当該更新上限を設定・短縮する理由を説明しなければならないので注意してください。

また、③については、無期転換申込権が発生する契約更新のタイミングごとに、「該当する有期労働契約の契約期間の初日から満了する日までの間、

無期転換を申し込むことができる旨（無期転換申込機会）」を書面により明示することが必要になります。

なお、初めて無期転換申込権が発生する有期労働契約が満了した後も、有期労働契約を更新する場合は、更新の都度、上記の明示が必要になりますので注意が必要です。

さらに、無期転換申込権が発生する更新のタイミングごとに、「無期転換後の労働条件」を書面により明示することが必要になります。明示する労働条件は、労働契約締結の際の明示事項と同じものです（労働契約法第18条第1項）。

明示方法は、事項ごとに明示する他、有期労働契約の労働条件と無期転換後の労働条件との変更の有無、変更がある場合はその内容を明示する方法でも差し支えありません。

なお、2024（令和6）年4月1日以降は、これらが記載された新様式での労働条件明示が必要となっています。

参考：厚生労働省『2024年4月からの労働条件明示のルール変更　備えは大丈夫ですか？』2024年9月

（3）待遇に関する説明義務

➡ 第3章　CASE 1-2　CASE 8-2　参照

高年齢労働者に多いパートタイム・有期雇用労働者の場合は、通常の労働者に比べて労働時間や労働日数、職務内容等が多様であり労働条件が曖昧になりやすい傾向があります。

パートタイム・有期雇用労働者がその能力を有効に発揮するには、自分の待遇について納得して働くことが重要です。そのため、事業主は、パートタイム・有期雇用労働者の雇入れの際に、実施する雇用管理の改善措置の内容について説明することや、雇入れ後にパートタイム・有期雇用労働者から求められた場合には、通常の労働者との間の待遇の相違の内容および理由と、待遇の決定に当たって考慮した事項について説明することが義務づけられています。

第2章　高年齢者雇用の人事・労務管理の留意事項

① 雇入れ時の説明義務

　高年齢労働者等のパートタイム・有期雇用労働者を雇い入れたときは、事業主は、パートタイム・有期雇用労働法の規定に基づき実施する、雇用管理の改善等に関する措置（賃金制度、教育訓練等）の内容を説明することが義務づけられています（パートタイム・有期雇用労働法第14条第1項）。

　「雇入れたとき」とは、初めて雇い入れたときのみならず、労働契約の更新時も含みますので注意してください。更新時に忘れる場合が多いです。

　説明の方法としては、雇い入れたときに、個々の労働者ごとに説明を行う他、雇入れ時の説明会等において、複数のパートタイム・有期雇用労働者に同時に説明を行うことでも差し支えありません。

　また、資料を活用し、口頭により行うことが基本ですが、説明すべき事項が漏れなく記載され、容易に理解できる内容の資料を交付することによることも可能です。

② 説明を求められたときの事業主の義務

　高年齢労働者等のパートタイム・有期雇用労働者から説明を求められたとき、事業主は、当該パートタイム・有期雇用労働者と通常の労働者との間の待遇の相違の内容および理由、パートタイム・有期雇用労働法の規定で措置を講ずべきとされた事項を決定するに当たって考慮した事項について、労働者に説明することが義務づけられています（パートタイム・有期雇用労働法第14条第2項）。

　待遇の相違の内容および理由を説明する際に比較の対象となる通常の労働者は、職務の内容、職務の内容および配置の変更の範囲等が、求めがあったパートタイム・有期雇用労働者と最も近いと事業主が判断する通常の労働者となります。

　待遇の相違の内容の説明については、通常の労働者とパートタイム・有期雇用労働者との間の待遇に関する基準の相違の有無を説明しつつ、通常

23

の労働者とパートタイム・有期雇用労働者の待遇の個別具体的な内容または待遇に関する基準を説明することが必要です。

■説明内容の例

> ・比較対象の通常の労働者との間で待遇の決定基準に違いがあるか、違う場合はどのように違うのか、なぜ違うのか
> ・教育訓練の実施や福利厚生施設の利用に当たり何を考慮したか（通常の労働者との違いがある場合は、なぜ違うのか）　等

出典：厚生労働省『パートタイム・有期雇用労働法のあらまし（令和6年6月版）』2024年6月

③ 不利益取扱いの禁止

　パートタイム・有期雇用労働者が説明を求めたことを理由に、解雇や配置転換、降格、減給、昇給停止、出勤停止、労働契約の更新拒否等の不利益な取扱いをしてはなりません（パートタイム・有期雇用労働法第14条第3項）。

　また、パートタイム・有期雇用労働者が不利益な取扱いを恐れることなく、説明を求めることができる職場環境としていくことが望まれます。

参考：厚生労働省『2024年4月からの労働条件明示のルール変更　備えは大丈夫ですか？』
　　　2024年9月

第2章　高年齢者雇用の人事・労務管理の留意事項

2 高年齢者雇用における無期転換ルールとその特例

　有期労働契約の濫用的な利用を抑制し、労働者の雇用の安定をはかるため、2012（平成24）年8月の労働契約法改正により、いわゆる「無期転換ルール」が定められました。

　同一の使用者との間で、有期労働契約が通算で5年を超えて更新された場合は、有期労働者（定年後の再雇用者やパートタイマー等の名称を問わず、雇用期間が定められた者）の申込みにより、期間の定めのない労働契約（無期労働契約）に転換されます（労働契約法第18条第1項）。つまり、有期契約労働者が、自己の選択に基づいて、有期労働契約を期間の定めのない労働契約に転換させることができる制度のことを**無期転換ルール**といいます。

　なお、有期雇用特別措置法により①専門的知識等を有する有期雇用労働者と②定年に達した後引き続いて雇用される有期雇用労働者について、その特性に応じた雇用管理に関する特別の措置が講じられる場合に、無期転換申込権発生までの期間に関する特例が適用されることとなっています。「**無期転換申込権**」とは、雇用している有期契約労働者が無期労働契約への転換を申込むことができる権利のことです。その他、科技イノベ活性化法に基づく特例および大学教員等任期法に基づく特例があります。

（1）無期転換制度の概要

➡ 第3章　CASE 1-3　CASE 2-1　CASE 2-2　参照

① 無期転換ルール

　「**無期転換ルール**」とは、同一の使用者（企業）との間で、有期労働契約が5年を超えて更新された場合、有期契約労働者（契約社員、パートタイマー、アルバイト等）からの申込みにより、無期労働契約に転換されるルールのことをいいます。有期契約労働者が使用者（企業）に対して無期転換の申込みをした場合、無期労働契約が成立します（使用者は無期転換を断ることができません）。契約期間が1年の場合には、5回目の更新後の1年間に無期転換の申込権が発生します。

25

なお、無期転換ルールの適用を免れる意図をもって、無期転換申込権が発生する前の雇止めや契約期間中の解雇等を行うことは、「有期労働契約の濫用的な利用を抑制し労働者の雇用の安定を図る」という労働契約法第18条の趣旨に照らして望ましいものではないとされています。

② 無期転換ルールの対象者と特例

　無期転換ルールは、原則として、契約期間に定めがある「有期労働契約」が同一の企業で通算5年を超えるすべての労働者が対象です。契約社員や嘱託、パートタイマー、アルバイト、派遣社員等の名称は問いません。

　ただし、以下の特例があります。

　ア．高度な専門的知識等を有する有期雇用労働者および定年後引き続いて雇用される有期雇用労働者に関する無期転換ルールの特例

　イ．大学等および研究開発法人等の研究者、教員等については、無期転換申込権発生までの期間を5年から10年とする特例

③ 無期転換ルールの注意事項

　ア．無期転換申込機会の明示（労基法施行規則第5条第5項）

　　「無期転換申込権」が発生する契約更新のタイミングごとに、該当する有期労働契約の契約期間の初日から満了する日までの間、無期転換を申込むことができる旨（無期転換申込機会）を書面により明示することが必要です。

　　初めて無期転換申込権が発生する有期労働契約が満了した後も、有期労働契約を更新する場合は、更新の都度、明示が必要になりますので注意してください。

　イ．相談体制の整備（パートタイム・有期雇用労働法第16条）

　　事業主は、「有期雇用労働者の雇用管理の改善等に関する事項」に関し、その雇用する有期契約労働者からの相談に応じ、適切に対応するために必要な体制を整備しなければならないこととされています。

　　無期転換申込権についても、この「有期雇用労働者の雇用管理の改

善等に関する事項」に当たります。企業内で、無期転換についても相談できる体制を構築することが必要となりますので注意が必要です。

（2）**無期転換制度の実務**

➡ 第3章　CASE 2-3　参照

① 無期転換申込権の発生等（クーリング期間等）

無期転換申込権が発生した契約期間中に、その労働者から無期転換の申込みがあった場合は、使用者は申込みを承諾したものとみなされて断ることができず、その時点で無期労働契約が成立します（労働契約法第18条）。

なお、次の3要件が揃ったときに、無期転換申込権が発生します。

ア．有期労働契約の通算期間が5年を超えていること

同一の使用者との間で締結された2以上の有期労働契約の契約期間を通算した期間（これを「**通算契約期間**」といいます。）が、5年を超えていることが第一の要件となります。

なお、「同一の使用者」とは、労働契約の締結主体（企業）を単位として定めるものであり、例えばA工場からB工場に勤務場所を変更する等、事業場を変えても労働契約の締結主体に変更がなければ雇用契約を継続しているとみなされます。

ただし、契約期間が5年を経過していなくても、例えば、契約期間が3年の有期労働契約を更新した場合は、通算契約期間が6年になるため、4年目にはすでに無期転換申込権が発生していることになりますので注意してください。

また、同一の使用者との間で有期労働契約を締結していない期間、すなわち「無契約期間」が「**クーリング期間**」として扱われ、それ以前の契約期間は通算対象から除外されます。

■クーリングされるケース

無契約期間の前の 通算契約期間	契約がない期間 （無契約期間）
2カ月以下	1カ月以上
2カ月超　〜　4カ月以下	2カ月以上
4カ月超　〜　6カ月以下	3カ月以上
6カ月超　〜　8カ月以下	4カ月以上
8カ月超　〜　10カ月以下	5カ月以上
10カ月超〜	6カ月以上

イ．契約の更新回数が1回以上あること

　　契約更新等により、同一の使用者との間で2以上の有期労働契約を締結したことが無期転換申込権発生の第二の要件となります。

ウ．現時点で同一の使用者との間で契約していること

　　通算5年を超えて契約してきた使用者との間で、現在、有期労働契約を締結していることが第三の要件となります。

② 無期転換申込みに関する手続

　　法律上は、契約期間が通算5年を超えた労働者が会社に対して「**申込み**」をした場合に、無期労働契約が成立します（無期労働契約の開始時点は、申込時の有期労働契約が終了する日の翌日からです。）。

　　そのため、無期労働契約への転換に当たっては、労働者自身で「**申込み**」を行うことが必要です。

　　また、無期転換申込権の発生後、労働者が会社に対して無期転換の申込みをした場合、無期労働契約が成立します（会社は無期転換を断ることができません）。この申込みは口頭でも法律上は有効ですが、後々のトラブルを防ぐため、書面で行うことが必要と考えます。

　　なお、無期転換の申込みをせずに有期労働契約を更新した場合、新たな有期労働契約の初日から末日までの間、いつでも無期転換の申込みをすることができます。

　　また、無期転換申込みに関する手続に際しては、以下に注意が必要です。

ア．無期転換の意向確認

　　無期転換申込権が発生する契約更新時に、労働者に無期転換が可能であることを明示する際は、使用者から面談等の形で労働者の無期転換の意向の確認や疑問への対応を行うことが必要です。

イ．無期転換に関する情報提供

　　無期転換申込権が発生する契約更新時に、過去に無期転換し働いている者の人数（実績）や無期転換せず次回も有期労働契約を更新した場合の労働条件の周知等が必要です。

ウ．無期転換ルールの周知

　　無期転換申込権が初めて発生する契約更新より前のタイミングで、使用者から労働者に、無期転換制度の周知を行うことが必要です。

（3）無期転換制度の特例

➡ 第3章　CASE 2-2　参照

　無期転換制度の特例には、①有期雇用特別措置法に基づく特例として、高度専門職の特例と、継続雇用の高齢者の特例、さらに②科技イノベ活性化法に基づく特例および大学教員等任期法に基づく特例があります。

　特に、中小企業等がよく活用しているのが、有期雇用特別措置法に基づく**「継続雇用の高齢者」**の特例です。継続雇用の高齢者の特例は使いやすく、必要とする企業は多いのではないかと思われます。

　それぞれの概要は以下の通りです。

① 高度な専門的知識等を有する有期雇用労働者および定年後引き続いて雇用される有期雇用労働者の特例

　　無期転換ルールの特例の適用を希望する事業主は、特例の対象労働者に関して、その能力が有効に発揮できるよう、その特性に応じた適切な雇用管理に関する措置についての計画を作成し、本社・本店の所在地を管轄する都道府県労働局に申請し、当該申請が認定されれば、特例の対象労働者（高度専門職と継続雇用の高齢者）について、無期転換ルールに関する特例が適用される仕組みです。

有期雇用特別措置法上の特例を受けることができる「**高度専門職**」とは、次の年収と業務範囲についての要件を満たす有期雇用労働者です。

■高度専門職の特例の要件

> ・適切な雇用管理に関する計画を作成し、都道府県労働局長の認定を受けた事業主に雇用され
> ・高収入（年収1,075万円以上）で、かつ高度の専門的知識等を有し（公認会計士、システムエンジニア等）
> ・その高度の専門的知識等を必要とし、5年を超える一定の期間内に完了する業務（特定有期業務。以下「**プロジェクト**」といいます。）に従事する

　有期雇用労働者（高度専門職）については、そのプロジェクトに従事している期間は、無期転換申込権が発生しません。ただし、無期転換申込権が発生しない期間の上限は10年です。

　なお、毎年度行われる業務等、恒常的に継続する業務はここでいうプロジェクトに当たりませんので注意してください。

　有期雇用特別措置法上の特例を受けることができる「**継続雇用の高齢者**」とは、定年（60歳以上）に達した後、引き続いて当該事業主（高年齢者雇用安定法第9条第2項に規定する特殊関係事業主にその定年後に引き続いて雇用される場合にあっては、当該特殊関係事業主）に雇用される有期雇用労働者です。

■継続雇用の高齢者の特例の要件

> ・適切な雇用管理に関する計画を作成し、都道府県労働局長の認定を受けた事業主（特殊関係事業主含む）の下で
> ・定年に達した後、引き続いて雇用される

有期雇用労働者（継続雇用の高齢者）については、その事業主に定年後引き続いて雇用される期間は、無期転換申込権が発生しません。

　一方、特殊関係事業主（いわゆるグループ会社）以外の他の事業主で継続雇用される場合には、特例の対象にならず、無期転換申込権が発生することに注意してください。

② 大学等および研究開発法人等の研究者、教員等の特例

　研究者等であって大学等を設置する者または研究開発法人との間で有期労働契約を締結した者や大学教員等任期法に基づく任期の定めがある労働契約を締結した教員等が特例の対象です。

　特例の対象者と有期労働契約を締結する場合には、相手方が特例の対象者となる旨等を、原則として書面により明示し、その内容を説明すること等により、相手方がその旨をあらかじめ適切に知ることができるようにする等、適切な運用が必要です。

　また、大学等と有期労働契約を締結した教員等であることをもって一律に特例の対象者となるものではないことに注意する必要があります。

参考：厚生労働省『無期転換ルールハンドブック～無期転換ルールの円滑な運用のために～』
　　　2024年12月
　　　厚生労働省『2024年４月からの労働条件明示のルール変更　備えは大丈夫ですか？』
　　　2024年９月

| 3 | 高年齢者雇用における労働・社会保険の適用等 |

　高年齢者雇用における労働・社会保険の適用等で注意しなければならない
のは、定年後再雇用時における労働条件変更に伴う「資格の喪失」です。具
体的には雇用保険では、嘱託等に変更することにより、勤務日数、労働時間
が減少し「１週20時間」の資格要件を満たすことができなくなるケースを
指します。せっかく定年までの間に雇用保険に加入し、毎月雇用保険料を納
めていたにもかかわらず、再雇用時等の雇用契約締結の前の確認が不十分だ
ったことにより、資格要件を満たせなくなり、資格喪失手続を行わなければ
ならない場合があります。定年後再雇用時の労働条件の変更等については、
労働・社会保険の資格要件等を確認しながら雇用契約を結ぶことが重要で
す。

　また、社会保険では、再雇用時に資格取得、資格喪失手続を同時に処理で
きる「同日得喪の特例」が重要です。

　通常の月額変更届と異なり、社会保険料の取扱いがかなり違ってきます。
その他、社会保険の適用基準である「４分の３基準」を満たさなくなったた
めの資格喪失、それに伴う配偶者の国民年金第３号被保険者の適用除外の問
題等があります。

（1）再雇用時の労働条件変更による雇用保険適用除外

➡ 第３章　CASE 3-2　参照

① 雇用保険の適用基準（雇用保険法第６条）

　雇用保険の加入要件は、次の要件をともに満たせば、契約社員、嘱託、
パートやアルバイトという名称、事業主や労働者の希望の有無にかかわら
ず、被保険者として加入する必要があります。

　ア．１週間の所定労働時間が20時間以上であること

　イ．31日以上の雇用見込みがあること

上記アの「1週間の所定労働時間」とは、就業規則、雇用契約書等により、その者が通常の週に勤務すべきこととされている時間のことをいいます。この場合の通常の週とは、祝祭日およびその振替休日、年末年始の休日、夏季休暇等の特別休日を含まない週をいいます。

なお、1週間の所定労働時間が短期的かつ周期的に変動する場合には、当該1周期における所定労働時間の平均（加重平均）を1週間の所定労働時間とします。

また、所定労働時間が1カ月単位で定められている場合には、1カ月の所定労働時間を12分の52で除して得た時間を、1年単位で定められている場合は、1年の所定労働時間を52で除して得た時間を、それぞれ1週間の所定労働時間とします。

なお、雇用契約書等に記載している1週間の所定労働時間が20時間未満であっても、実際の勤務時間が週20時間以上となる状態が継続している場合には、当該勤務時間により判断されます。

また、上記イの「31日以上の雇用見込みがあること」については、次のように判断されます。

当初の契約期間が30日であり、更新しない旨の明示があることにより、雇入れの当初から31日以上の雇用見込みがないものと判断し雇用保険の適用にならなかったが、契約の途中で31日以上の雇用見込みとなった場合には、その事実が発生した日から加入となる。

なお、雇用保険の適用基準が、2028（令和10）年10月より、今までの「1週間の所定労働時間が20時間以上」から「10時間以上」に拡大されます。パート・アルバイト、契約社員、定年後の嘱託社員等通常の社員より短時間で契約し、勤務する者については、週10時間以上の契約で雇用保険加入が義務づけられますので注意してください（雇用保険法等の一部を改正する法律（令和6年法律第26号））。

② 高年齢者雇用における雇用保険の適用除外

　定年後の再雇用時によくある事例として「定年後はゆっくり働きたいので週に２～３日の契約にしてほしい」、それに加えて「１日の労働時間も通勤時の混雑を避けて午前10時から午後４時までの実働５時間にしてほしい」といった希望が多くあります。

　本人の希望どおり、これらの条件で雇用契約を結ぶことにより、雇用保険加入要件を満たさなくなり、資格喪失しなければならなくなる場合がよくあります。再雇用時の雇用契約を結ぶ場合は最低限加入要件を満たすような条件で契約することが必要です。定年まで何十年も働いて、給与からは毎月、賞与からその都度雇用保険料を引かれていたのに、定年後の再雇用時の契約で資格を失うことを想定していない労働者が多いからです。

　再雇用者には特に、契約締結前に雇用保険の加入要件について説明し、締結後のトラブルを予防することが必要です。

参考：厚生労働省・東京労働局職業安定部『雇用保険事務手続きの手引き（令和６年８月）』
2024年８月

（2）再雇用時の労働条件変更による社会保険適用除外

　➡ 第３章　CASE 3-5　参照

① 社会保険の適用基準（厚生年金保険法第９条、第12条、健康保険法第３条）

　適用事業所に使用される者は、本人の意思や、国籍、報酬の多寡を問わず、原則として、健康保険・厚生年金保険の被保険者となります。

　ただし、70歳以上の者は、適用事業所に使用されていても厚生年金保険の被保険者とはならず、健康保険のみの適用を受けることになります。厚生年金保険の被保険者とはなりませんが、70歳以上の厚生年金保険の算定基礎届・月額変更届・賞与支払届等の届出は一般の被保険者と同様必要です。

　75歳からは、健康保険の被保険者とはならず、後期高齢者医療の被保険者となります。

なお、適用事業所に使用されていても、日々雇い入れられる者や臨時に短期間使用される者等は、一般被保険者から除外されます。ただし、契約上はともかく、実態により常用的使用関係と認められる場合には、一般被保険者となります。

　また、パートタイム労働者と短時間労働者については、通常の労働者と適用基準が異なります。

　パートタイム労働者の場合は、「1週間の所定労働時間」および「1カ月の所定労働日数」が、同一の事業所に使用される通常の労働者の所定労働時間および所定労働日数の4分の3以上（「**4分の3基準**」といいます）である場合に健康保険・厚生年金保険の被保険者となります。

　短時間労働者とは、勤務時間・勤務日数が、常時雇用者の4分の3未満で、以下のすべての要件に該当する者をいいます。

・週の所定労働時間が20時間以上であること

・雇用期間が2カ月を超えて見込まれること

・賃金の月額が8.8万円以上であること

・学生でないこと

　さらに、特定適用事業所に勤務する短時間労働者については、上記4分の3基準を満たさない場合であっても、特定適用事業所・任意特定適用事業所に勤務する短時間労働者、上記のすべての要件に該当した場合は、健康保険・厚生年金保険の被保険者となりますので注意してください。

　なお、「特定適用事業所」とは、直近1年のうち6カ月間以上、常勤の被保険者数が51人以上となることが見込まれる事業所をいい、「任意特定適用事業所」とは、50人以下で労使合意に基づき申出をする事業所をいいます。

　特定適用事業所と任意特定適用事業所の届出等の流れは下記の通りです。

■特定適用事業所と任意特定適用事業所の届出等

・特定適用事業所の届出等（厚生年金保険法施行規則第14条の３、
　健康保険法施行規則第23条の２）

　　法人番号が同一の適用事業所で、被保険者（短時間労働者等を除く）の数が、１年のうちで６カ月以上50人を超えると見込まれる場合は、「特定適用事業所該当届」を提出します。届出がない場合でも日本年金機構において判定を行い、要件を満たしていることが確認された場合は「特定適用事業所該当通知書」が送付されます。

・任意特定適用事業所の届出等（厚生年金保険法施行規則第14条の
　６、健康保険法施行規則第23条の３の３）

　　任意で特定適用事業所の申出を行う場合には「任意特定適用事業所申出書」に従業員（厚生年金保険の被保険者、70歳以上被用者および短時間労働者）の過半数で組織する労働組合の同意（該当する労働組合がないときは①従業員の過半数を代表する者の同意、②従業員の２分の１以上の同意、のいずれか）を得たことを証明する書類（同意書）を添付して提出します。

　　また、短時間労働者の「資格取得届」を提出します。この場合の短時間労働者資格取得年月日は、上記申出書の受理日（任意特定適用事業所該当日）となります。

② 高年齢者雇用における社会保険の適用除外

　　前述したように、社会保険の適用基準は３つに分かれています。「正社員」、「４分の３基準を満たすパートタイム労働者」、「４分の３基準は満たさないが、特定適用事業所等に勤務し、短時間労働者のすべての要件を満たす労働者」に区分されます。

　　定年後の再雇用でよく問題になるのが、再雇用時の契約で４分の３基準を満たさなくなる場合です。週所定労働時間が40時間の企業の場合には、

社会保険に加入するためには少なくとも週30時間は働くことが必要となります。しかし、1日7時間、週3日勤務だと社会保険に加入できず、国民健康保険に加入する例が多くあります。51人以上の特定適用事業所の場合にはこの勤務形態でも社会保険への加入が可能ですが、従業員数20〜30人規模の企業にこのような例が多いのが実情です。

（3）社会保険の適用拡大（従業員数51人以上）

➡ 第3章　CASE 3-6　参照

短時間労働者への被用者保険の適用要件のうち、企業規模要件が2016（平成28）年10月からの「従業員501人以上」から、2022（令和4）年10月に「従業員101人以上」まで、2024（令和6）年10月に「従業員51人以上」まで、段階的に引き下げられました。

また、2022（令和4）10月から勤務期間要件は撤廃され、フルタイムの被保険者と同様に2カ月を超えて使用される者には被用者保険が適用されます。

さらに、これまでは「2カ月以内の期間を定めて使用される者」は引き続き使用されるに至るまでは適用除外となっていましたが2022（令和4）年10月から「2カ月を超えて使用される見込みがあると判断される場合は、当初から被用者保険の対象とする」こととされました。

そのため、就業規則や雇用契約書その他の書面において、その雇用契約が「更新される旨」または「更新される場合がある旨」が明示されている場合のときは、最初の雇用期間に基づき使用され始めた時に被保険者の資格を取得することになります。つまり、この場合は最初から資格取得手続が必要となります。

参考：厚生労働省・日本年金機構『事業主のみなさまへ　社会保険適用拡大ガイドブック』

（4）高齢家族の扶養の認定（健康保険法第3条）

➡ 第3章　CASE 3-5　参照

健康保険では、被保険者に扶養されている家族も給付を受けることができます。この家族のことを被扶養者といいます。被扶養者となるためには、

「被扶養者（異動）届」を提出し、認定を受けることが必要です（健康保険法施行規則第24条第3項、第38条）。

　なお、65歳未満の厚生年金保険被保険者の被扶養配偶者で20歳以上60歳未満の者は、国民年金の第3号被保険者となります。

■被扶養者となるための条件

> ア．主として被保険者の収入により生計を維持されている75歳未満の者（後期高齢者医療制度の被保険者とならない者）
>
> イ．対象となる家族範囲
>
> <u>被保険者と同居でも別居でもよい者</u>
>
> ・配偶者（双方に戸籍上の配偶者がない内縁関係も含む）
>
> ・子（養子を含む）、孫
>
> ・兄弟姉妹
>
> ・父母等直系尊属
>
> <u>被保険者と同居が条件の者</u>
>
> ・上記以外の三親等内の親族
>
> ・内縁関係の配偶者の父母および子
>
> ウ．被扶養者となるための収入条件
>
> **同居の場合**
>
> | 年間収入※が130万円未満（60歳以上または障害者は180万円未満） | + | 被保険者の収入の半分未満であること |
> |---|---|---|
>
> ※年収（年間収入）とは、過去の収入のことではなく、被扶養者に該当する時点および認定された日以降の年間の見込み収入額のことをいいます。また、被扶養者の収入には、雇用保険の失業等給付、公的年金、健康保険の傷病手当金や出産手当金も含まれます。
>
> エ．国内に住所を有していること（留学する学生や海外赴任の被保険者の同行者等の例外を除く）

高年齢者雇用の被扶養者認定関係でよく問題となるのが、従業員が定年後再雇用等で労働条件が変更になり、給料が大幅に減額された場合です。賞与等も支給されなくなり、年収がかなり下がった場合に配偶者の扶養の認定が受けられなくなる場合があります。特に、配偶者にパート収入等がある場合には、認定されない場合が多いので上記の要件に注意してください。

■国民年金第3号被保険者の届出（国民年金法第7条、第12条第5項・第6項、第105条、国民年金法施行規則第1条の4第2項・第3項）

> 65歳未満の厚生年金保険被保険者の被扶養配偶者で20歳以上60歳未満の者は、国民年金第3号被保険者として年金制度に加入します。ただし、第3号被保険者としての届出はしておかなければなりません。
>
> 国民年金の第3号被保険者に関する届出は、その配偶者（第2号被保険者）の勤務する事業所を経由して事務センター（年金事務所）に提出することになります。
>
> 事業主は、第2号被保険者からの届出を受けて、内容と添付書類を確認し「被扶養者（異動）届／第3号被保険者関係届」で提出します。

高年齢者雇用の国民年金第3号被保険者関係でよく問題となるのが、被扶養配偶者が60歳に達することにより、国民年金の資格を喪失することです。会社の担当者からは十分な説明を受けなかったとして、いきなり通知されたと従業員から苦情がくる場合があります。

また、被保険者が定年後再雇用の労働条件変更等により、給料等が大幅に下がり、配偶者が扶養の認定を受けられずに第3号被保険者に該当しなかったため、第1号被保険者として国民年金に加入し、保険料を毎月支払うことになった事例もあります。

参考：日本年金機構「従業員（健康保険・厚生年金保険の被保険者）が家族を被扶養者にするとき、被扶養者に異動があったときの手続き」ページID：150020010-978-859-258　更新日：2024年11月1日

（5）副業・兼業に関わる雇用・社会保険の適用

➡ 第3章　CASE 3-1　CASE 3-6　参照

　働き方改革などの背景により高年齢者雇用において従業員側から柔軟な働き方についてのニーズがあるため知っておくべき事項には、下記のようなものがあります。

① 副業・兼業に関わる雇用保険の適用

　雇用保険制度において、労働者が雇用される事業は、その業種、規模等を問わず、すべて適用事業（農林水産の個人事業のうち常時5人以上の労働者を雇用する事業以外の事業については、暫定任意適用事業。）です。このため、適用事業所の事業主は、雇用する労働者について雇用保険の加入手続を行うことが必要です。ただし、同一の事業主の下で、ア．1週間の所定労働時間が20時間未満である者、イ．継続して31日以上雇用されることが見込まれない者については被保険者となりません（適用除外）。

　また、同時に複数の事業主に雇用されている者が、それぞれの雇用関係において被保険者要件を満たす場合、その者が生計を維持するに必要な主たる賃金を受ける雇用関係についてのみ被保険者となります。従たる賃金を受ける事業所においては被保険者となりません（二重の資格取得はできません）。

　なお、「雇用保険法等の一部を改正する法律」（令和2年法律第14号）により、2022（令和4）年1月より65歳以上の労働者本人の申出を起点として、一の雇用関係では被保険者要件を満たさない場合であっても、二の事業所の労働時間を合算して雇用保険を適用する制度が試行的に開始されています。

　これを「雇用保険マルチジョブホルダー制度」といいます。

　以下の要件を満たす場合に、本人から住所または居所を管轄する公共職業安定所に申出を行うことで、申出を行った日から特例的に雇用保険の被保険者（マルチ高年齢被保険者）となることができる制度です。

■雇用保険マルチジョブホルダー制度の適用対象者の要件（雇用保険法第37条
の5）

> 次の①〜③の要件をすべて満たすこと。
> ① 複数の事業所に雇用される65歳以上の労働者であること
> ② 2つの事業所（1つの事業所における1週間の所定労働時間が5
>   時間以上20時間未満）の労働時間を合計して1週間の所定労働時
>   間が20時間以上であること
> ③ 2つの事業所のそれぞれの雇用見込みが31日以上であること

　65歳以上の労働者については、今後雇用保険の加入対象者が増えるこ
とが予想されるため、企業としては、事務手続の負担や雇用保険料負担が
増えることになります。今後は、65歳以上の者を採用する際には、他の
就業先の有無およびその所定労働時間を確認する必要があります。

② 副業・兼業に関わる社会保険の適用

　社会保険（厚生年金保険および健康保険）の適用要件は、事業所ごとに
判断します。複数の雇用関係に基づき複数の事業所で勤務する者が、いず
れの事業所においても適用要件を満たさない場合、労働時間等を合算して
適用要件を満たしたとしても適用されません。社会保険には、労働時間を
合算して適用する制度はありません。

　また、同時に複数の事業所で就業している者が、それぞれの事業所で被
保険者要件を満たす場合、被保険者は、いずれかの事業所の管轄の年金事
務所等を選択し、当該選択された年金事務所等において各事業所の報酬月
額を合算して、標準報酬月額を算定し、保険料を決定します。その上で、
各事業主は、被保険者に支払う報酬の額により按分した保険料を、選択し
た年金事務所に納付（健康保険の場合は、選択した健康保険組合に納付。）
することとなります。

　同時に2カ所以上の事業所で被保険者資格の取得要件を満たした場合、
10日以内に被保険者はいずれか一つの事業所を選択し、その事業所を管

轄する年金事務所および健康保険組合を選択する場合は健康保険組合へ「被保険者所属選択・二以上事業所勤務届」を提出する必要があります（厚生年金保険法施行規則第1条、第2条、健康保険法施行規則第1条の3、第2条、第37条）。

　なお、被保険者資格の取得要件を満たすか否かについては、各事業所単位で判断を行うこととしており、2カ所以上の事業所における月額賃金や労働時間等を合算することはしないので注意してください。

　また、2以上の事業所に勤務する者の標準報酬月額は、各事業所で受けた報酬を合算して、標準報酬月額が決められ（標準賞与額も同様）、保険料は、それぞれの事業所の報酬月額に按分して計算されます。

参考：厚生労働省『副業・兼業の促進に関するガイドライン　わかりやすい解説』2022年10月

（6）出向に関する雇用・社会保険の適用

➡ 第3章　CASE 3-3　参照

　雇用保険の出向者に関する適用については、出向元と出向先の2つの雇用関係を有する出向労働者は、同時に2つ以上の雇用関係にある労働者に該当しますので、その者が生計を維持するのに必要な主たる賃金を受けている会社の雇用関係についてのみ被保険者となります。

　したがって、出向元で賃金が支払われる場合は原則として出向元の事業主の雇用関係について、出向先で賃金が支払われる場合は原則として出向先の事業主との雇用関係について、それぞれ被保険者資格を有することになります。

　また、社会保険の出向者に関する適用については、出向の条件により、次のとおりとなります。

①これまでの事業所での使用関係がなくなるとき

　　元の事業所では資格喪失届の提出が必要です。そして新たに使用関係が始まる新しい事業所では資格取得届を提出することになります。

第2章　高年齢者雇用の人事・労務管理の留意事項

②使用関係を残したまま出向し、両方から報酬を受け取るとき

2カ所の事業所で勤務することになりますので、「被保険者所属
選択・二以上事業所勤務届」の提出が必要です。

　また、出向者が海外勤務になった場合は、国内の事業所との使用関係が続
くときは、被保険者資格はそのまま続きますが、使用関係がなくなるとき
は、資格喪失届の提出が必要となりますので注意してください。

(7) 60歳以上の退職後継続再雇用の場合の適用

→ 第3章　CASE 3-4　参照

　健康保険・厚生年金保険に加入している者が退職後1日の空白もなく同
じ会社に再雇用された場合、使用関係は存続し、健康保険・厚生年金保険
の被保険者資格も継続します。

　ただし、60歳以上の者が退職後1日の空白もなく継続して再雇用（退
職後継続再雇用）される場合は、事業主との使用関係が一旦中断したもの
として、「資格喪失届」「資格取得届」を提出することができます。これに
よって、再雇用された月から再雇用後の給与に応じて標準報酬月額を決定
することができ（「**同日得喪の特例**」）、保険料額等は、再雇用後の標準報
酬月額に応じた額に変更され、在職老齢年金を受けている場合は、支給停
止額が変更されます。（平成25.1.25保保発0125第1・年年発0125第1・
年管管発0125第1）

■添付書類（退職後継続再雇用の届出）

　下記アとイの両方、またはウを提出する必要があります。

ア．就業規則、退職辞令の写し（退職日が確認できるものに限りま
す）

イ．雇用契約書の写し（継続して再雇用されたことがわかるものに限
ります）

ウ．「退職日」および「再雇用された日」が記載された、継続再雇用

に関する事業主の証明書

電子申請により提出する場合、画像ファイルによる添付データとして提出することができます。

なお、実務においてはできるだけアとイを提出した方がスムーズです。

参考：日本年金機構「60歳以上の方を、退職後1日の間もなく再雇用したとき」ページID：
150020010-898-227-894　更新日：2024年7月24日

COLUMN

70歳に到達した時の社会保険の届出（厚生年金保険法施行規則第15条の2）

　被保険者が70歳に到達すると、健康保険の被保険者資格は継続しますが、厚生年金保険の被保険者資格は喪失します。そのため事業主は、70歳到達日以降も引き続き同一の事業所に使用され、70歳到達日時点の標準報酬月額が70歳到達日の前日の標準報酬月額と異なる者について「被保険者資格喪失届・70歳以上被用者該当届」（いわゆる「70歳到達届」）を管轄の年金事務所に提出することが必要です。なお、70歳到達前後で標準報酬月額が変わらない人については、提出する必要はありません。

4 　高年齢者雇用における労働・社会保険の給付等

　高年齢者雇用における労働・社会保険の給付等について重要なのは、定年後再雇用時の労働条件変更に伴う雇用保険の「高年齢雇用継続給付」と社会保険の「同日得喪の特例」です。

　この2つの手続は、定年後再雇用者の大部分が関わりをもち、給付金受給や保険料減額、年金給付等に関係する重要な手続です。

　その他、健康状態が悪化し、休業する際に利用する機会が多い健康保険の「傷病手当金」、家族の介護が必要となった場合に利用する雇用保険の「介護休業給付」、ここ数年特に増えている副業等を行う場合の通勤災害時に利用する「労災給付」等が、高年齢者雇用における労働・社会保険の給付等の中心となります。

　また、再雇用が終了した場合の雇用保険の「失業等給付」にも高年齢労働者は関心が高いです。

(1) 雇用保険の高年齢雇用継続給付制度（雇用保険法第61条～第61条の3）

➡ 第3章　CASE 4-1　参照

① 賃金低下により利用する高年齢雇用継続給付とは

　高年齢雇用継続給付には、基本手当（再就職手当等基本手当を支給したとみなされる給付を含みます。以下同じ。）を受給していない者を対象とする「**高年齢雇用継続基本給付金**」と、基本手当を受給し再就職した者を対象とする「**高年齢再就職給付金**」があり、どちらも基本的には賃金が低下した被保険者に給付金が支給される制度です。ここでは、定年後再雇用者がよく利用する「高年齢雇用継続基本給付金」について説明します。高年齢雇用継続基本給付金を受けようとする場合には、以下の要件すべてを満たすことが必要です。

ア．60歳以上65歳未満の一般被保険者であること。

イ．被保険者であった期間が5年以上あること。

ウ．原則として60歳時点と比較して、60歳以後の賃金（みなし賃金を含む）が60歳時点の75％未満となっていること。

給付金の額は、60歳以後の各月に支払われた賃金の原則15％です（賃金の低下率によって15％を上限にして支給率も変動します。）。

なお、2025（令和7）年4月1日から新たに60歳となる労働者への給付率が、15％から「10％に縮小」されます。定年後の再雇用者などにとってかなり影響が大きい改正となります（雇用保険法等の一部を改正する法律（令和2年法律第14号））。

また、「被保険者であった期間」とは、雇用保険の被保険者として雇用されていた期間のすべてを指します。離職等による被保険者資格の喪失から新たな被保険者資格の取得までの間が1年以内であることおよびこの期間に雇用保険（基本手当、再就職手当等）の支給を受けていない場合に通算することができます。

■高年齢雇用継続基本給付金の基本的な流れ

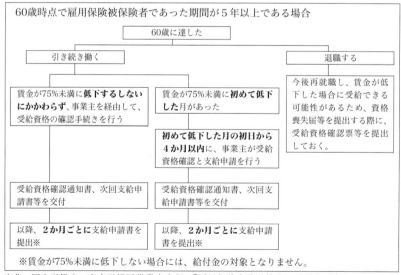

出典：厚生労働省・東京労働局職業安定部 『雇用保険事務手続きの手引き（令和6年8月）』2024年8月

第2章　高年齢者雇用の人事・労務管理の留意事項

② 支給対象者

　被保険者であった期間（基本手当を受給したことがある者は、受給後の期間に限ります。）が通算して5年以上ある被保険者で、60歳到達後も継続して雇用され、60歳以後の各月に支払われる賃金が原則として60歳到達時点の賃金月額の75％未満である者が対象となります。

③ 支給期間

　被保険者が60歳に到達した月から65歳に達する月までですが、各暦月の初日から末日まで被保険者であることが必要です。ただし、60歳時点で雇用保険に加入していた期間が5年未満の場合には、加入期間が5年になる月から支給対象期間となりますので注意してください。

　なお、この期間内にある各暦月のことを「支給対象月」といいます。

④ 高年齢雇用継続基本給付金の支給額

　支給額は、各支給対象月ごとに、その月に支払われた賃金の「低下率」に応じて次の計算式により算定されますが、「みなし賃金額」や「支給限度額」等により支給額が減額されたり、支給されないことがあります。

　「みなし賃金額」とは、各月に支払われた賃金が低下した理由の中には、被保険者本人（出産・育児等）や事業主に責任（事業所の休業等）がある場合があります。このような理由により賃金の減額があった場合には、その減額された額が支払われたものとして、賃金の低下率を判断することをいいます。

■高年齢雇用継続基本給付金の計算式

　支給額は、各支給対象月ごとに、その月に支払われた賃金の「低下率」に応じて次の計算式により算定されます。

　「賃金月額」＝原則として60歳に到達する前6カ月間の平均賃金（「受給資格確認通知書」や「支給決定通知書」に記載されています。）

　（注）60歳到達後に受給資格が確認される場合は、その日前6カ月

間の平均賃金

ア　低下率が61％以下である場合

　　支給額＝支給対象月に支払われた賃金額×15％

イ　低下率が61％を超えて75％未満である場合

$$支給額 = -\frac{183}{280} \times \text{支給対象月に支払われた賃金額} + \frac{137.25}{280} \times \text{「賃金月額」}$$

参考：厚生労働省・都道府県労働局・公共職業安定所『高年齢雇用継続給付の内容及び支給申請手続について』(PL060801保02) 2024年8月

　2025（令和7）年4月1日以降に60歳に達した日（その日時点で被保険者であった期間が5年以上ない者はその期間が5年以上となった日）を迎えた者の支給率は、低下率が64％以下の場合は賃金額の10％、低下率が64％超75％未満の場合はみなし賃金が増える程度に応じ10％から一定の割合で減じた率となります。

⑤ 高年齢雇用継続基本給付金の留意点

ア．60歳時における賃金登録

　60歳時の賃金登録は必ず行うことが必要です。60歳以降に賃金が低下しない場合でも、1～2年後に体調を崩して休職し、復職後に勤務時間、日数を減らしたために高年齢雇用継続基本給付金が受給可能になるケースがあります。

　2004（平成16）年1月施行の雇用保険法施行規則の改正により、60歳時の賃金登録の義務はなくなりましたが、60歳到達後においても、高年齢雇用継続基本給付金の支給要件に該当する場合や被保険者が転職等により支給要件に該当する場合が増えています。このような場合に、60歳到達時点の事業主が、賃金台帳、出勤簿（タイムカード）、労働者名簿、雇用契約書等を添付して60歳時点にさかのぼって賃金登録することは非常に大変です。

　このようなことを避けるためにも、被保険者が60歳となった時点に

おいて、賃金低下していない場合でも、できるかぎり登録手続を行うことが必要となります。

イ．被保険者であった期間の通算

被保険者であった期間は、同一の事業主の適用事業に継続して雇用された期間のみに限られず、離職した日の翌日から再就職した日の前日までの期間が1年以内であれば通算できます。

ただし、雇用保険（基本手当等や再就職手当等を含む）または特例一時金の支給を受けたことがある場合には、これらの給付の受給資格等に係る離職の日以前の被保険者であった期間は通算の対象となりませんので注意してください。

高年齢労働者で何回も転職し、その都度失業等給付を受給しているケースをよくみかけます。「被保険者であった期間」は1年以内であれば原則として通算できますが、失業等給付を受けて過去の期間を通算できない場合もあり、そのため、高年齢雇用継続基本給付金を申請できないこともよくあります。必ず5年あるかどうか事前に確認するようにしてください。

参考：厚生労働省・都道府県労働局・公共職業安定所『高年齢雇用継続給付の内容及び支給
申請手続について』(PL060801保02) 2024年8月
厚生労働省「Q＆A〜高年齢雇用継続給付〜」
https://www.mhlw.go.jp/stf/seisakunitsuite/bunya/0000158464.html

(2) 雇用保険の介護休業給付制度（雇用保険法第61条の4）

➡ 第3章　CASE 4-2　参照

① 介護休業時の賃金低下による介護休業給付とは

配偶者や父母、子等の対象家族を介護するための休業を取得した被保険者について、介護休業期間中の賃金が休業開始時の賃金と比べて80％未満に低下した等、一定の要件を満たした場合に、公共職業安定所への支給申請により、支給されるものです。

改正雇用保険法等の施行により、2017（平成29）年1月1日以降に新たに取得する介護休業については、93日を限度に3回までの分割取得が

49

可能となりました。

　また、65歳以上の高年齢被保険者も介護休業給付金の対象となりましたので注意が必要です。

　さらに、対象家族の範囲についても拡大され、同居・扶養していない祖父母、兄弟姉妹および孫も対象となりました。

　なお、高年齢者雇用において、ここ数年、配偶者の介護を理由とする介護休業の申出やそれに伴う介護休業給付の申請が増えています。「介護休業給付制度」は、対象家族の介護を行うための介護休業を取得する被保険者に対して給付金を支給する制度です。この給付を行うことにより、労働者が介護休業を取得しやすくし、職業生活の円滑な継続を援助等することが可能となります。

② 支給対象者

　家族を介護するための休業をした雇用保険の被保険者で、介護休業を開始した日の前2年間に、賃金支払基礎日数が11日以上ある完全月（過去に基本手当の受給資格や高年齢受給資格の決定を受けたことがある者については、基本手当の受給資格決定や高年齢受給資格決定を受けた後のものに限る。）が通算して12カ月以上ある者が支給対象となります。

　なお、2020（令和2）年8月1日以降に介護休業を開始している者については、賃金支払基礎日数が11日以上の月が12カ月ない場合、完全月で賃金の支払の基礎となった時間数が80時間以上の月を1カ月として算定します。

　また、介護休業を開始する時点で、介護休業終了後に離職することが予定されている者は、支給の対象となりませんので注意してください。

　介護休業を開始した被保険者が期間雇用者（期間を定めて雇用される者）である場合は、上記の他、介護休業開始予定日から起算して93日を経過する日から6カ月を経過する日までに、その労働契約（労働契約が更新される場合にあっては、更新後のもの）が満了することが明らかでないことが必要です。

③ 支給対象となる介護休業

　介護休業給付金は、以下のアおよびイを満たす介護休業について、支給対象となる同じ家族について93日を限度に3回までに限り支給されます。

> ア．負傷、疾病または身体上もしくは精神上の障害により、2週間以上にわたり常時介護（歩行、排せつ、食事等の日常生活に必要な便宜を供与すること。）を必要とする状態にある家族を、介護するための休業であること。
> イ．被保険者が、その期間の初日および末日とする日を明らかにして事業主に申出を行い、これによって被保険者が実際に取得した休業であること。

④ 支給額

　介護休業給付金の各支給対象期間ごとの支給額は、原則として次のとおりです。

> 休業開始時賃金日額×支給日数×67％

　「**賃金日額**」は、事業主の提出する「休業開始時賃金月額証明書」によって、原則、介護休業開始前6カ月間の賃金を180で除した額です。

　また、「**給付日数**」は、最後の支給単位期間のみ暦日数となり、他の支給単位期間は30日となります。

⑤ 支給申請の時期

　介護休業終了日（介護休業期間が3カ月以上にわたるときは介護休業開始日から3カ月を経過した日）の翌日から起算して2カ月を経過する日の属する月の末日までです。

⑥ 介護休業給付の留意点

　高年齢雇用でよくある事例として、本人が定年後再雇用で高年齢雇用継続給付を受給しているときに、家族介護が生じて介護休業給付と併給可能

となる場合があります。

高年齢雇用継続給付を受けている場合、高年齢雇用継続給付の支給対象月の初日から末日までの間引き続いて介護休業給付を受けることができるときは、その月の高年齢雇用継続給付を受けることはできませんので注意してください（厚生労働省「Ｑ＆Ａ～高年齢雇用継続給付～」Ｑ17[※]）。

参考：厚生労働省・都道府県労働局・公共職業安定所『介護休業給付の内容及び支給申請手続について』(PL060801保03) 2024年8月
　　　厚生労働省「Ｑ＆Ａ～介護休業給付～」
　　　https://www.mhlw.go.jp/stf/seisakunitsuite/bunya/0000158665.html
　　※　厚生労働省「Ｑ＆Ａ～高年齢雇用継続給付～」
　　　https://www.mhlw.go.jp/stf/seisakunitsuite/bunya/0000158464.html

（3）失業等給付（特定受給資格者等）

➡ 第3章　CASE 4-1　参照

① 高年齢者が退職後に受ける失業等給付とは

失業等給付は、労働者が失業した場合および雇用の継続が困難となる事由が生じた場合に、必要な給付を行うとともに、その生活および雇用の安定をはかるための給付です。

失業等給付は大別すると「求職者給付」「就職促進給付」「教育訓練給付」「雇用継続給付」の4種類に分けられます。

「求職者給付」は、被保険者が離職し、失業状態にある場合に、失業者の生活の安定をはかるとともに、求職活動を容易にすることを目的として支給する代表的な給付です。

「就職促進給付」は、失業者が再就職するのを援助、促進することを主目的とする給付です。

「教育訓練給付」は、働く人の主体的な能力開発の取組みを支援し、雇用の安定と再就職の促進を目的とする給付です。

「雇用継続給付」は、働く人の職業生活の円滑な継続を援助、促進することを目的とする給付です。

雇用保険の失業等給付には、失業した場合に、安定した生活を送りつつ、1日も早く再就職できるよう求職活動を支援するための給付として、

もっとも代表的な「**求職者給付**」があります。「求職者給付」には、一般被保険者に対する「**基本手当**」、高年齢被保険者（65歳以上で雇用されている者）に対する「**高年齢求職者給付金**」、短期雇用特例被保険者（季節的業務に期間を定めて雇用されている者）に対する「**特例一時金**」等があります。

以下、一般被保険者が受給する「基本手当」（いわゆる失業手当）を中心に、その内容等を説明します。

② 求職者給付を受ける資格（基本手当の受給資格）

求職者給付を受ける資格は、以下のとおりです。

ア．原則として、離職の日以前2年間に12カ月以上被保険者期間があること。

イ．倒産・解雇等による離職の場合（特定受給資格者に該当）、期間の定めのある労働契約が更新されなかったこと、その他やむを得ない理由による離職の場合（特定理由離職者に該当）は、離職の日以前1年間に6カ月以上被保険者期間があること。

なお、被保険者期間とは、雇用保険の被保険者期間であった期間のうち、離職の日から1カ月ごとに区切っていった期間に賃金支払いの基礎となった日数が11日以上ある月、または、賃金支払いの基礎となった労働時間数が80時間以上ある月を1カ月と計算します（雇用保険法第13条、第14条）。

また、2028（令和10）年10月1日からは、この賃金支払基礎となった日が、1カ月に11日以上から6日以上に変更され、6日以上ない場合は、賃金支払基礎となった労働時間数が40時間以上の月を1カ月として計算しますので注意してください。

③ 基本手当の給付日数（所定給付日数）

所定給付日数とは、受給資格者が受給できる基本手当の日数のことで

す。

受給資格がある者で、被保険者であった期間および離職理由等により以下の表のとおりとなっています。

ア．一般の受給資格者（定年・自己都合等）

	10年未満	10年以上 20年未満	20年以上
65歳未満	90日	120日	150日

イ．障害者等の就職困難者

	1年未満	1年以上
45歳未満	150日	300日
45歳以上65歳未満	150日	360日

ウ．特定受給資格者（倒産・解雇等により再就職の準備をする時間的余裕がなく離職を余儀なくされた者）

一部の特定理由離職者（期間の定めのある労働契約が更新されなかったこと等により離職した者）

なお、特定理由離職者は離職日が2027（令和9）年3月31日までの者が対象となります。

被保険者であった期間 年齢	1年未満	1年以上 5年未満	5年以上 10年未満	10年以上 20年未満	20年以上
30歳未満		90日	120日	180日	－
30歳以上35歳未満		120日	180日	210日	240日
35歳以上45歳未満	90日	150日	180日	240日	270日
45歳以上60歳未満		180日	240日	270日	330日
60歳以上65歳未満		150日	180日	210日	240日

---

④ 特定受給資格者と特定理由離職者（雇用保険法第13条第3項、第23条第2項）

「**特定受給資格者**」とは、離職理由が、倒産・解雇等により再就職の準

備をする時間的余裕がなく離職を余儀なくされた受給資格者です。

また、「**特定理由離職者**」とは、特定受給資格者以外の者であって期間の定めのある労働契約が更新されなかったこと、その他やむを得ない理由により離職した者です。

これらに該当する者は２カ月または３カ月間の給付制限がなくなります。

参考：厚生労働省・東京労働局職業安定部『離職された皆様へ』2024年８月
厚生労働省・東京労働局職業安定部『雇用保険事務手続きの手引き（令和６年８月）』2024年８月

（4）健康保険の傷病手当金（健康保険法第99条、健康保険法施行規則第84条、第84条の２、第84条の３）

➡ 第３章 　CASE 5-3　 参照

傷病手当金とは、被保険者（任意継続被保険者を除く）が療養のため労務に服することができず、報酬が得られない場合に、その療養中の生活費を保障するために支給される健康保険の保険給付です。

① 支給要件

傷病手当金を受けるためには、次の３つの要件を備えていることが必要です。

ア．療養のためであること

この場合の「療養」とは、保険給付として受ける療養だけではなく、自費診療で受けた療養や自宅で病気の静養をしている場合も含みます。

イ．労務不能であること

「労務不能」とは、その被保険者が従事している労務に就労できないような状態になっていることをいいます。それまで従事していた仕事が行えるか否かが判断の基準となります。

ウ．連続３日間の待期があること

傷病手当金は、初めて労務に服することができなくなった日から

起算して連続3日間の「待期期間」をおいて、第4日目から支給されます。この3日間の中に休日があってもア、イに該当すれば待期期間に含まれます。

② 支給金額

支給金額は、傷病手当金が支給される前12カ月の標準報酬月額をもとに計算されることになっています。

傷病手当金の1日当たり金額は、

支給開始日以前の継続した12カ月間の各月の標準報酬月額を平均した額÷30日×2/3（小数点第1位を四捨五入）

となります。

なお、支給開始日以前の継続した期間が12カ月ない場合は、以下のいずれか低いほうの額が1日当たりの金額になります。

ア．支給開始日の属する月以前の直近の継続した各月の標準報酬月額の平均額
イ．前年度の9月30日における全被保険者の同月の標準報酬月額を平均した額

③ 支給期間

傷病手当金の支給期間は、同一の疾病または負傷およびこれにより発した疾病・負傷に関しては、その支給を始めた日から通算して1年6カ月です。

同一の傷病ではなく、別個の傷病の場合は、それぞれ支給開始日から通算して1年6カ月です。

④ 傷病手当金が調整される場合

生活保障のためのものですから、会社が給料を支払っている間は、傷病手当金は支給されません。

給料が支払われても、傷病手当金より少ないときは、その差額が傷病手当金として支給されます。

⑤ 手続時の添付書類

傷病の原因がケガであるときは、別途、「健康保険　負傷原因届」の添付が必要になります。

本書では記入例は割愛しますが、この様式の提出目的は、健康保険の給付が業務外の事由による病気やケガを対象としており、業務上や通勤途中の事由によるケガでないことを見極める判断材料の1つとするためです。業務上や通勤途中の場合は、労災保険から給付されます。

また、ケガの原因が第三者によるものである場合は、別途、「第三者行為による傷病届」も提出します。これは、原因が第三者（加害者）にある場合、医療費等は本来加害者が負担するべきものになるため、その費用を協会けんぽ等が負担したのであれば加害者へ請求するためです。この届出はその情報の確認に用いられます。

(5) 副業・兼業に関わる労災保険の給付

➡ 第3章　CASE 4-3 参照

① 副業・兼業時の事業場間移動等による労災給付

労災保険制度は、

ア．労働者の就業形態にかかわらず、

イ．事故が発生した事業主の災害補償責任を担保する

ものです。このため、副業・兼業をする者にも労災保険は適用されます（雇用保険法等の一部を改正する法律（令和2年法律第14号）、2020（令和2）年9月より施行）。

また、副業・兼業をする者への労災保険給付額については、上記法改正により全就業先の賃金を算定基礎とすることとなりましたので注意してください。

なお、労災保険制度は労基法における個別の事業主の災害補償責任を担保するものであるため、従来その給付額については、災害が発生した就業

先の賃金分のみに基づき算定していましたが、複数就業している者が増えている実状を踏まえ、複数就業者が安心して働くことができるような環境を整備するため、非災害発生事業場の賃金額も合算して労災保険給付を算定することとした他、複数就業者の就業先の業務上の負荷を総合的に評価して労災認定を行うことになりました。

　また、労働者が、自社、副業・兼業先の両方で雇用されている場合、一の就業先から他の就業先への移動時に起こった災害については、通勤災害として労災保険給付の対象となります。

　副業・兼業時の事業場間の移動は、当該移動の終点たる事業場において労務の提供を行うために行われる通勤であると考えられ、当該移動の間に起こった災害に関する保険関係の処理については、終点たる事業場の保険関係で行うものとしています（平成18.3 .31基発0331042）

② 労災保険の休業補償給付等の請求手続（労災保険法第14条、第14条の2、第20条の4、労災保険法施行規則第13条、第18条の3の9）

　副業・兼業時の労災事故等により、休業した場合の休業補償給付の請求は、様式第8号「休業補償給付支給請求書　複数事業労働者休業給付支給請求書　休業特別支給金支給申請書」に所定事項を記載し、事業主および診療担当医師の証明を受けて、所轄労働基準監督署長に提出します。

　請求は、休業何日分ごとにしなければならないということは定められていませんが、休業が長期にわたるときは、1カ月ごとくらいにまとめて請求することが必要です。

　なお、2020（令和2）年9月から、副業・兼業の複数事業労働者に対する保険給付の拡充が行われたのに伴い、様式第8号別紙3として「複数事業労働者」に関する事項を記載するページが追加されています。

　また、複数事業労働者が被災したときは、災害発生事業場だけでなく、非災害事業場についても平均賃金算定内訳（様式第8号別紙1）を提出する必要がありますので注意してください。

③ 複数就業者の給付基礎日額の決定

　複数の事業所に勤務している労働者が、業務災害や通勤災害によっていずれの仕事も休業することとなった場合、これまでは労災保険給付のベースとなる給付基礎日額についてはあくまで災害が生じた一の適用事業場（災害発生事業場）において支払われる賃金の額のみをもって算定されていました。そのため、複数就業者に対する補償機能として必ずしも十分でない面がありました。

　そこで、被災労働者の稼得能力や遺族の被扶養利益の喪失の填補をはかる観点から、複数就業者の休業補償給付等について、非災害発生事業場の賃金額を含むすべての就業先の賃金額を合算した上で給付基礎日額を決定することとした改正が行われています。

　なお、現在政府は複数就業を奨励しているため、これから、このような労災のケースもますます多く出てくる可能性があります。複数就業者の労災関係の手続を行う際の給付基礎日額の計算等、かなり複雑となります。十分注意することが必要です。

参考：厚生労働省『副業・兼業の促進に関するガイドライン　わかりやすい解説』2022年10月

COLUMN

高年齢求職者給付金（一時金）（雇用保険法第37条の４）

　雇用保険においては、65歳以上の高年齢被保険者である労働者が失業した場合には、一般被保険者が失業した場合と異なり、求職者給付として一時金である「高年齢求職者給付金」を支給することとしています。

（1）高年齢求職者給付金の受給要件

　高年齢求職者給付金は、高年齢被保険者が失業した場合に支給されますが、それには、原則として離職の日以前１年間のうちに被保険者期間が通算して６カ月以上あることが必要です。

（2）高年齢求職者給付金の額

　高年齢受給資格者に対しては、一般の受給資格者の場合とは異なり、求職者給付として一時金である高年齢求職者給付金が支給されることとなっています。

被保険者であった期間	高年齢求職者給付金の額
1年未満	30日分
1年以上	50日分

第2章　高年齢者雇用の人事・労務管理の留意事項

5 高年齢者雇用に関する健康管理等

　事業者は、高年齢労働者にも健康診断を実施する義務があります。健康診断には、雇い入れたときとその後定期に実施する健康診断の他、一定の有害な業務に従事する労働者を対象に実施する特殊健康診断等があります。

　また、健康診断が終わった後は、診断結果を記録・保存するとともに、各高年齢労働者にも通知することが必要です。

　なお、高年齢労働者の多くは、短時間勤務が前提ですから、長時間にわたる時間外・休日労働はあまり考えられませんが、特に最近では、身体的な疲労の他仕事上の精神的なストレスによってうつ病等の精神疾患を起こすケースも増えており、職場におけるメンタルヘルス対策も重要になっています。

（1）定期健康診断等の実施等

　➡ 第3章　CASE 5-1 参照

① 定期健康診断の受診義務

　安衛法では、事業者は労働者を新規に雇い入れた後1年以内ごとに1回、定期に身体の全般的な健康状態を把握するため、必要な項目について健康診断（定期健康診断という）を実施し、その結果に基づき適正な健康管理を行うことを義務づけています（安衛則第44条）。

　さらに、事業者は、パートタイマーにも健康診断を実施する義務がありますので注意してください。

　次の①②のいずれの要件も満たす場合には、健康診断を実施しなければならないとされています。

---

①次のいずれかに該当する者
・期間の定めのない労働契約により使用される者
・期間の定めがある場合（有期労働契約）で、1年（深夜業など特定業務従事者の場合は6カ月）以上使用される予定の者
・期間の定めがある場合（有期労働契約）で、1年（深夜業など特

61

定業務従事者の場合は6カ月）未満の契約でも更新された結果1年以上使用されることとなった者
②週の労働時間数がその事業場で同種の業務に従事する通常の従業員の週の所定労働時間の4分の3以上である者

　なお、②の要件については、4分の3未満でも、1年以上雇用されることが予定されていて、週の所定労働時間が通常の従業員の概ね2分の1以上であれば、健康診断を実施することが望ましいとされています。

　また、身体に有害な化学物質等を取扱い、あるいは高気圧の環境下等で作業に従事している者等については、一定の周期ごとに特殊健康診断を行うことを義務づけています（安衛則第45条）。

　なお、事業者が指定した医師または歯科医師が行う健康診断を受けることを希望しない場合は、他の医師または歯科医師が行う健康診断を受け、その健康診断の結果を記載した書面を事業者に提出することも可能です。

　これらの健康診断の意味するところは、個人の健康状態を的確に把握し、その維持および必要な指導を行うことを通じ事業場の生産能率の低下、欠勤等を防ぐとともに、安全な作業の確保を行い、社会生活を保障するためのものです。

　なお、健康診断によって異常の所見がみられた場合については、医師・歯科医師（以下「医師等」といいます。）による保健指導を受けさせたり、必要に応じて作業の軽減や労働時間の短縮等の事後措置を講ずる必要があります。特に、最近では、いわゆる生活習慣病にかかっている比率の増加や、ストレス等により心の病にかかっている者の増加があります。事業場としても経営の根幹にも関わる重要な課題であり、労働災害等の防止や福利厚生としてだけでなく、人事施策としても重要となってきています。

② 健康診断の費用負担

　法定の健康診断は、事業者に実施が義務づけられているため、当然に事業者が費用を負担すべきです。「労働安全衛生法および同法施行令の施行

について」（昭和47.9.18基発602）にも労働安全衛生法「第66条第1項から第4項までの規定により実施される健康診断〔編注：一般健康診断、特殊健康診断、歯科医師による健康診断、臨時の健康診断〕の費用については、法で事業者に健康診断の実施の義務を課している以上、当然、事業者が負担すべきものである」とされています。

　なお、労働者が健康診断受診のために医療機関に出向くための交通費等は、健康診断に要する費用となると解されています。そのため、これらの交通費等も事業主の負担となりますので注意してください。

③ 一般健康診断と特殊健康診断の受診時間

　使用者が安衛法上、実施を義務づけられている一般健康診断は「一般的な健康の確保をはかることを目的として事業者にその実施義務を課したものであり、業務遂行との関連において行なわれるものではない」とされています。これに対し、有害業務従事者に対して行われる特殊健康診断は「事業の遂行にからんで当然実施されなければならない性格のものであり、それは所定労働時間内に行なわれるのを原則とすること」とされています（昭和47.9.18基発602）。つまり、特殊健康診断は業務関連性が強いのに対し、一般健康診断は、業務関連性という観点ではなく一般的な健康確保という観点から、使用者は実施を義務づけられているということです。ただし、高年齢労働者の心身の状況に応じて適正配置等を行うこと等から一般健康診断は重要です。前記通達は「特殊健康診断の実施に要する時間は労働時間と解されるので、当該健康診断が時間外に行なわれた場合には、当然割増賃金を支払わなければならない」とするのに対し、一般健康診断の受診時間については「労働者の健康の確保は、事業の円滑な運営の不可欠な条件であることを考えると、その受診に要した時間の賃金を事業者が支払うことが望ましい」としています。

　特殊健康診断は、有害業務等に従事する労働者について、就業時および一定期間ごとに実施しなければならず、業務遂行上必要な健康診断ですので就業時間内に実施することが必要です。

（2）定期健康診断の結果とその対応

➡ 第3章　CASE 5-1　CASE 5-2　CASE 5-4　参照

① 健康診断の結果の記録と労働基準監督署長への報告

　事業者は、健康診断の結果を記録しておかなければなりません（安衛法第66条の3）。具体的には、一般健康診断の場合、健康診断個人票（様式第5号）を作成し、5年間保存することが義務づけられています（安衛則第51条）。事業者が健康診断個人票の作成・保存義務を怠ったときは処罰されます（安衛法第120条、第122条）。

　また、常時50人以上の労働者を使用する事業者が、定期健康診断（安衛則第44条）、特定業務従事者の健康診断（安衛則第45条）を行ったときは、遅滞なく定期健康診断結果報告書（様式第6号）を所轄の労働基準監督署長に提出しなければなりません（安衛則第52条）。

　なお、2022（令和4）年10月1日以降に歯科健康診断を実施した事業者は、労働者数にかかわらず、遅滞なく、有害な業務に係る歯科健康診断結果報告書（様式第6号の2）により健康診断の結果を、所轄労働基準監督署長に提出することが必要です（安衛則第52条第2項）。

　また、2025（令和7）年1月1日より、定期健康診断結果報告書（様式第6号）、有害な業務に係る歯科健康診断結果報告書（様式第6号の2）の手続については、電子申請が原則として義務化されていますので注意してください。

② 医師等からの意見聴取

ア．意見聴取

　事業者は健康診断の結果に基づき、健診項目に異常所見があると診断された労働者について、医師等から意見を聴取しなければなりません（安衛法第66条の4）。これは、医学的な判断を踏まえたうえで、事業者が就業上の措置を講じることができるように定められたものです。

　「健康診断結果に基づき事業者が講ずべき措置に関する指針」（平成8.10.1健康診断結果措置指針公示第1、最終改正平成29.4.14同指

針公示第9）は、産業医の選任義務のある事業場では、産業医から意見を聴くことが適当であるとしています。

意見聴取は、
① 法定健康診断については、健康診断が行われた日から3カ月以内
② 深夜業従事者が自発的に受けた健康診断結果の証明書面を提出した場合は、提出日から2カ月以内
に、行うことが必要です（安衛則第51条の2）。

また、上記①②いずれの場合でも、医師等から聴取した意見を健康診断個人票に記載しなければなりません（安衛則第51条の2第1項第2号・第2項第2号）。

イ．就業上の措置

事業者は、健康診断の結果についての医師等の意見を勘案し、その必要があると認めるときは、その労働者の実情を考慮して、就業場所の変更、作業の転換等の適切な措置を講じなければなりません（安衛法第66条の5）。

また、この就業上の措置が適切かつ有効に実施されるためには、医師等からの意見聴取の方法、就業上の措置を決定するに当たっての留意事項等、その具体的な進め方を確立することが必要です。

ウ．労働者への健康診断の結果通知と保健指導

1）健康診断結果の通知

事業者は、健康診断を受けた労働者に対し、当該健康診断の結果を遅滞なく通知することが必要です（安衛法第66条の6、安衛則第51条の4）。従来は、一般健康診断を受けた労働者に対してのみ通知義務がありましたが、2006（平成18）年4月1日より、特殊健康診断の結果についても、労働者への通知が義務づけられています。異常所

見の有無にかかわらず、労働者に通知することが必要で、通知を怠ると処罰されます（安衛法第120条、第122条）。

2）保健指導等

　急速な高齢化の進展等に伴い、一般健康診断の結果、高血圧性疾患、虚血性心疾患等の脳・心臓疾患につながる所見を有する労働者が増加してきています。事業者は、一般健康診断もしくは深夜業従事者の自発的健康診断の結果「特に健康の保持に努める必要があると認める労働者に対し」、医師または保健師による保健指導を行うことが努力義務として課されています（安衛法第66条の7第1項）。

　上記指針では、具体的な保健指導として、日常生活面での指導、健康管理に関する情報の提供、健康診断に基づく再検査・精密検査、治療のための受診の勧奨等を掲げています。特に、高年齢労働者については、早めの保健指導等が必要となります。

　また、上記指針では、深夜業に従事する者に対しては、睡眠指導や食生活指導等を重視した指導を行うよう努めることが必要であるとしています。

3）高年齢者等についての配慮

　高年齢労働者その他労働災害の防止上その就業に当たって特に配慮を必要とする者については、これらの心身の条件に応じて適正な配置を行うよう努めることを求められます（安衛法第62条）。

　また、健康診断によって異常の所見がみられた高年齢労働者については、医師等による保健指導を受けさせたり、必要に応じて作業の軽減や労働時間の短縮等の事後措置を講ずる必要があります（安衛法第66条〜第66条の7）。

4）病者の就業禁止

　伝染性の疾病その他の疾病で次のようなものにかかった高年齢労働者については、その就業を禁止しなければならないと規定しています（安衛法第68条）。なお、就業を禁止するときには、産業医等医師の

意見を聴く必要があるので注意してください（安衛則第61条）。

①病毒伝ぱのおそれのある伝染性の疾病にかかった者

②心臓、腎臓、肺等の疾病で労働のため病勢が著しく増悪するおそ
れのあるものにかかった者　等

また、就業禁止を行うときには、疾病の種類、内容等を勘案してで
きるだけ配置転換、作業時間短縮等の措置を行い、就業の機会を与え
ることに配慮することも必要です。

参考：厚生労働省・都道府県労働局・労働基準監督署『労働安全衛生法に基づく健康診断
実施後の措置について』2010年2月
「健康診断結果に基づき事業者が講ずべき措置に関する指針」（平成8.10.1健康診
断結果措置指針公示第1、最終改正平成29.4.14健康診断結果措置指針公示第9）

(3) 私傷病休職と職場復帰の取扱い

➡ 第3章　CASE 5-3　参照

〔私傷病休職とその取扱い〕

① 私傷病休職

私傷病休職は、労働者が在職中に業務外の事情で負傷し、または病気に
なり一定期間の欠勤を続ける場合の休職です。

私傷病休職制度を設けることは法律上義務づけられているわけではな
く、制度自体を設けるか否か、また、制度を設ける場合にどのような設
計・運用を行うかは会社の裁量にゆだねられています。そのため、明確に
規定されていない部分でトラブルになる場合があります。

② 休職期間等

休職期間については、各会社でさまざまな内容が定められています。勤
続年数に応じて休職期間を定める例が一般的ですが、疾患の種類（結核や
精神疾患等）等による区分を設ける例もあります。

休職期間中の取扱い、復職時の取扱い、復職しないまま休職期間満了に
なった場合の取扱い等も就業規則に明確に定めておく必要があります。

③ 休職期間中の賃金等の取扱い

私傷病休職期間中の賃金については、ノーワーク・ノーペイの原則から

すれば無給が原則であり、実務でも無給とするのが一般的です。この場合、無給としていても健康保険による傷病手当金等により一定の保障がなされるのが通常です。トラブル防止の観点から、無給である場合は就業規則に必ず明記しておくことが必要です。

なお、賞与については賞与の査定対象期間の出勤率に応じて、一定額を支給する例もあります。

また、退職金との関係で私傷病休職期間は勤続年数に算入しない例が多いです。

④ 休職期間中の定期的な病状報告

私傷病休職期間中も労働契約は存続しており、会社として、休職事由が継続しているか否かを確認する必要があるため、定期的に労働者から病状の報告をしてもらうことが必要です。

どの程度の報告を義務づけるかについては、療養中の労働者への過度な負担とならない範囲で回復状況等を把握するという観点から、原則として、月1回程度の報告という対応が多いと考えられます。この点について、就業規則に「傷病により休職期間中の従業員は、原則として、毎月主治医の診断書を提出しなければならない」と規定しておくことも必要です。

〔職場復帰とその取扱い〕

① 労働者への通知

休職期間満了については、休職当初の段階で説明している場合であっても、労働者から事前の連絡がないことを問題とされるケースが多いです。このため、休職期間満了が近づいた段階で、書面で休職期間満了日を伝えるとともに、復職を希望する場合には、復職が可能である旨を記載した主治医の診断書を提出すること等を通知するのが労務管理上必要です。

休職事由が消滅すれば復職となりますが、復職可能であるか否かは医学的判断を伴うので、労働者から復職可能である旨の主治医の診断書を添付して復職申出を受ける取扱いが一般的です。

② 主治医からの情報提供の必要性

　必要がある場合には、本人の承諾を得て主治医から診療情報の提供等を受ける場合があることも通知しておくべきです。主治医から診療情報の提供等を受けることなく復職不可の判断を行うことはリスクがあるためです。

　この点について、就業規則に「休職期間満了までに休職事由が消滅した場合は、従業員は医師の診断書を添付して速やかにその旨を会社に申し出るものとする。この場合、会社が必要と認めたときは、医師から診療情報の提供を受け、また、会社の指定する医師による面談を命じることがある」と規定しておくことも必要です。

③ 復職申出があった場合

　復職可能である旨が記載された診断書を付して復職申出があった場合には、その内容を産業医に確認した上で、必要に応じて主治医に対して診療情報提供等の依頼や、本人と産業医面談等を行うことを検討し、復職可否の最終判断を行うことになります。

④ リハビリ出勤とその留意点

　実務では、主治医や産業医から、通常業務に復することは難しいが、まずは軽易な作業等を行うリハビリ出勤を行うことを勧められることがあり、これを受けてリハビリ出勤を実施する例も多いです。

　リハビリ出勤については、これを義務づける法令はなく、休職期間中に行う例や復職後に行う例等会社が自由に設計できます。

　リハビリ出勤中の作業について、労務提供を義務づけているような場合には、賃金の支払いを要するとされる可能性があるので注意することが必要です。

⑤ 復職の判断枠組み

　復職可能かどうかを判断するに当たっては、従前の職務を通常の程度に行える健康状態にあるか否かだけでなく、当初軽作業に従事させれば短期間で通常業務に復帰できるような見込みがあるかどうか、また、従前の業

務に復帰できない場合に他の業務に配置することが現実的に可能か、といった点も検討することが必要です。

（4）健康管理と安全配慮義務

➡ 第3章 CASE 5-1 CASE 5-4 参照

① 会社の安全衛生管理体制

安衛法は、会社に対して安全衛生管理体制の構築を義務づけています。業種や事業規模にもよりますが、以下のような管理者選任や委員会の設置が必要です。

---

① 総括安全衛生管理者の選任（安衛法第10条、安衛則第2条、安衛令第2条）
② 安全管理者（同法第11条、同則第4条、同施行令第3条）
③ 衛生管理者（同法第12条、同則第7条、同施行令第4条）
④ 産業医（同法第13条、同則第13条、同施行令第5条）
⑤ 安全委員会（同法第17条、同施行令第8条）
⑥ 衛生委員会（同法第18条、同施行令第9条）

なお、この②安全管理者、③衛生管理者の選任が義務づけられていない中小事業場（常時10人以上50人未満の労働者を使用する事業場）では、安全衛生推進者、衛生推進者を選任しなければなりませんので注意が必要です（安衛法第12条の2、安衛則第12条の2）。

健康管理の面で重要なのは、衛生委員会で、労働者の健康障害防止や健康の保持増進の基本対策等について調査審議することになっている点です（安衛法第18条第1項）。メンタルヘルスケアの推進でも「心の健康づくり計画」策定から実施体制の整備・実施方法、個人情報保護規程の作成まで衛生委員会の役割は大きいです。

② 健康教育・健康の保持増進等

高年齢労働者の運動機能等の低下が原因となる労働災害の増加、技術革

新による職場環境の急激な変化に伴うストレス、職場不適応等の健康問題等に対応するため、安衛法では事業者が、労働者に対する健康教育、健康相談、健康の保持増進等の措置を計画的、継続的に実施することを求めています（安衛法第69条）。

また、事業者は、高年齢労働者等の就業に当たって特に配慮を必要とする者の就業については、これらの心身の条件に応じて適正な配置を行うよう努める必要があります（安衛法第62条）。

③ 安全配慮義務

最高裁は「契約上の信義則から派生する付随業務として、労働者の生命および健康等を危険から保護するよう配慮すべき義務（安全配慮義務）」をも尽くさなければならないという判断をしています。

このような司法判断を踏まえ、2008（平成20）年に施行された労働契約法では、第5条において「使用者は、労働契約に伴い、労働者がその生命、身体等の安全を確保しつつ労働することができるよう、必要な配慮をするものとする。」と明記し、使用者に対し、法律上の義務として「安全配慮義務」を課しています。

使用者は、労働者の健康を確保するために、安衛法の定めるところによる健康診断を実施し（安衛法第66条第1項）、異常所見のある労働者については医師等の意見を聴き（安衛法第66条の4）、必要があると認めるときは、就業場所の変更、作業転換、労働時間の短縮等の適切な措置を講ずることが義務づけられています（安衛法第66条の5）。これを確実に実施することは、最低限必要です。

6 高年齢者雇用における就業規則等の整備

　常時10人以上の労働者を使用する場合には、就業規則を作成して所轄労働基準監督署へ届け出ることが義務づけられています（労基法第89条）。

　そして、就業規則を作成・変更する場合には、労働者代表（事業場の過半数で組織される労働組合、これがないときは事業場の過半数を代表する労働者）から意見を聴いてその意見書を就業規則に添付して届け出なければなりません（労基法第90条）。

　現状では、定年後再雇用者等に適用される就業規則がない企業や通常の労働者の就業規則の全部または一部を定年後再雇用者等に準用することとして運用している企業が多いですが、その準用の仕方が不明確である企業が少なくない状況となっています。

　事業規模にかかわらず、正社員用の就業規則だけではなく、定年後再雇用者等の就業規則を別に作成しておくことは、労働条件を明確にしておくためにも、統一的に雇用管理を行う上でも有用です。

(1) 定年後再雇用者の就業規則

➡ 第3章　CASE 6-1　CASE 6-2　参照

① 定年後再雇用者用就業規則を作成する場合の留意点

　定年後再雇用者は、雇用期間、労働時間、賃金等の部分で一般社員と取扱いが別になっている場合が多いようです。したがって、そのような場合、定年後再雇用者に一般社員の就業規則が全面的に適用されることで、いろいろな問題が起きてきます。そこで、一般社員と取扱いが異なる部分については、就業規則中に定年後再雇用者に関する特別規定を制定するか、あるいは一般社員の就業規則とは別に定年後再雇用者の就業規則を作成しておく等の措置が必要になってきます。定年後再雇用者だけに適用する就業規則を制定することは可能ですし、定年後再雇用者の就業規則は、一般の就業規則と併せて労基法第89条に規定する就業規則ということになります。

一般社員用に作成された就業規則をそのまま定年後再雇用者に適用することは、定年後再雇用者も一般社員と同様に処遇することとしている場合は別ですが、労働時間がシフト制あるいは短時間勤務、賃金が月給ではなく時給、諸手当も種類・金額が違う場合には、一般社員と同様にすることは不可能です。したがって、定年後再雇用者に適用する就業規則が必要です。

　定年後再雇用者だけに適用される就業規則を作成すれば、定年後再雇用者のみに適用される労働条件・労働形態が定年後再雇用者に対してもはっきりと理解してもらうことができます。

② 一般社員の就業規則を準用する場合の留意点

　一般社員と定年後再雇用者とでは、その労働条件等を異にする場合は、定年後再雇用者に一般社員の就業規則をただ漠然と「準用する」としていると、あとで問題が生じかねないことになります。したがって、準用するものの範囲を明確に定め、また準用しない部分は別に規定するよう、就業規則の規定の整備をはかるか、それとも定年後再雇用者に適用する別の就業規則を作成することが必要です。

　定年後再雇用者に適用される就業規則がないと、一般社員の就業規則を勝手に準用される可能性がありますので注意してください。また、一般社員の就業規則を「準用する」場合には、一般社員と定年後再雇用者とでは、その雇用形態、労働条件も異なるので定年後再雇用者には、どの部分を準用し、どの部分を準用しないのか等明確に定めておくことが必要です。準用の仕方が不明確なため、トラブルが多く発生する原因となっています。

③ パートタイマー用就業規則を定年後再雇用者に準用する場合の留意点

　パートタイマー用に作成された就業規則をそのまま定年後再雇用者に適用することは、定年後再雇用者もパートタイマーと同様に処遇することにしている場合は別ですが、労働条件等も異なるのであれば、不可能です。最近は、働き方改革の一環として、同一労働・同一賃金の考え方により、

パートタイマーの就業規則に、一般社員とは違う水準で退職金や賞与の支給等を定めている場合が増えています。

　パートタイマーと定年後再雇用者とで、退職金や賞与の評価方法、計算方法、水準等を異にする場合は、パートタイマーの就業規則をただ漠然と「準用する」としていると、あとで問題を生じかねないことになりますので注意してください。定年後再雇用者には、定年時に精算するため、退職金の支給がない場合が多いです。

　また、年次有給休暇の付与についても、定年後再雇用者の場合は、原則として従前の日数を繰り越しますが、パートタイマーは労働時間、勤務する日数等により「比例付与」になるケースが多いです。パートタイマー用就業規則の規定の整備をはかるか、それとも定年後再雇用者に適用する別の就業規則を作成することを検討することが必要となります。

④ 定年後再雇用者の就業規則作成上の使用者の義務

　使用者には、就業規則について次の4つの義務があります。

　ア．就業規則作成義務（労基法第89条）

　イ．意見聴取義務（労基法第90条）

　ウ．届出義務（労基法第89条）

　エ．周知義務（労基法第106条）

以下、順に解説します。

　ア．就業規則作成義務

　就業規則作成義務については、使用者が、常時10人以上の労働者を使用する場合には、必ず就業規則を作成する義務があります（労基法第89条）。

　就業規則の内容には、法律上必ず記載しなければならない事項（必要記載事項）と定めることが強制されていない事項（任意記載事項）とがあります。必要記載事項は労基法第89条に列挙されていますが、その

なかには絶対に記載しなければならない事項（絶対的必要記載事項）と一定の定めをする場合には、必ず記載しなければならない事項（相対的必要記載事項）とがあります。

イ．意見聴取義務

労基法第90条では、就業規則の作成・変更において労働者の過半数で組織する労働組合または過半数を代表する者の意見を聴くよう規定されています。したがって、定年後再雇用者の就業規則の作成・変更を行う際の意見聴取も、事業場の定年後再雇用者を含めた全労働者の過半数が対象となります。

そして、その意見は書面にしたものでなければならず、かつ、労働者を代表する者でなければなりません。

しかし、意見内容については、法律上は、反対であろうと賛成であろうと就業規則の意見聴取義務の履行自体には影響はないものと解釈されています（昭和24. 3. 28基発373）。

したがって、労働者に対し十分に意見を述べる機会と時間的な余裕を与えることが必要です。もちろん、実務上は、その意見を考慮した就業規則が作成されることが好ましいものであることはもちろんです。

ウ．届出義務

使用者は定年後再雇用者の就業規則を作成または変更した場合には、所轄労働基準監督署長に届出なければなりません。また、その際労働者の代表の意見を付けることを義務づけられています（労基法第90条第2項）。

労基法第89条に基づく就業規則の届出については、行政通達により、一定の要件を満たせば電子媒体によって行うことも可能とされています（平成25. 4. 4基発0404第1）。

また、就業規則の本社一括届出も行政通達に定められる一定の要件を満たせば可能とされています。ただし、本社一括届出であっても意見聴取手続と意見書の添付は各事業場ごとに必要であることに注意すること

が必要です。

　法令等に反するような規定がある場合は、労働基準監督署長はその就業規則を変更するよう命じることができます（労基法第92条）。

　労働基準監督署へ提出する就業規則は2冊用意することが必要です。1冊は提出済みの印を押したうえで返却されます。これが会社の控となる就業規則に当たります。

エ．周知義務

　労基法第106条では、労働基準監督署で受理された就業規則の内容を労働者に対し周知しなければならない義務を使用者に対して課しています。

　これは、就業規則が労働者の労働条件や職場で守るべき規律を定めたものですから、労働者の一人ひとりに知らせておかなければ意味がないためです。

　労基法第106条では、就業規則を見やすい場所に掲示し、または備え付ける等の方法によって労働者に周知しなければならないと規定しています。また、パソコンなどでアクセスし、閲覧するなどの方法によって周知させることでもかまいません（➡COLUMN「就業規則周知に関するイントラネット方式の留意点」）。

　なお、就業規則が労働者に周知されるようにしていないときは、就業規則自体の効力も問題となると解されますので注意してください。就業規則の効力発生の時期は、就業規則が何らかの方法によって労働者に周知された時期以後と解されています。

⑤ 無期転換時に適用される就業規則の整備

　無期転換社員用の就業規則を作成した場合には、これらの規程の対象となる労働者を、正社員の就業規則の対象から除外しておく必要があります。そのため、正社員の就業規則の見直しを検討することが必要です。

　また、無期転換社員と正社員の仕事内容や責任の範囲、労働条件等に差異がないにもかかわらず、特に賃金等の処遇等に差異がある場合は、同一

労働・同一賃金の法規定等を踏まえ、妥当性や労働者の納得性に留意した
処遇等にすることを検討することも必要です。

(2) 定年後再雇用者の給与規程（諸手当の整備等）

➡ 第3章　CASE 6-1　CASE 8-2　参照

① 定年後再雇用者の一般的な給与構成

　給与は、一般的に、基本給と諸手当とから構成されます。諸手当は、基
本給を補完する目的で追加的に支払われるもので、役付手当、住宅手当、
家族手当、通勤手当等が代表的な手当です。

　定年後再雇用者は、一般的に、扶養家族も少なく、身分上、課長・部長
等の役職に就任することもあまり考えられません。また、生活を支えるた
めに、厚生年金、雇用保険の高年齢雇用継続基本給付金が支給される立場
にあります。

　定年後再雇用者の給与体系は、できる限り簡潔明瞭にしている場合が多
いです。特に、中小企業では、いくつもの手当が支払われる仕組みの複雑
なものは、定年後再雇用者の給与体系としては採用されていない状況で
す。

　そのため、給与は「基本給（嘱託給）」一本とし、それに通勤手当を支
払うケースが中小企業の場合は多いようです。また、賞与については、支
払ったとしても一時金の場合が多いようです。

② 勤務形態と給与形態

　定年後再雇用者に対してどのような給与形態を適用するかは、それぞれ
の会社の自由ですが、一般的にいえば、中小企業の場合は「フルタイム勤
務の場合には、月給制」「パートタイム勤務の場合には、時間給制」を適
用する場合が多いようです。

③ 基本給（嘱託給）の水準

　基本給（嘱託給）は「本人に支給される厚生年金の金額」「本人に支給
される高年齢雇用継続基本給付金」等を勘案して、個別に決定する場合が
多くみられます。すなわち、「基本給（嘱託給）」「本人に支給される厚生

77

年金」および「本人に支給される高年齢雇用継続基本給付金」の3つを合わせた金額が定年退職時の給与に近くなる形で、定年後再雇用者の給与水準を決めるケースが中小企業の場合は多いようです。

④ 給与規程作成後の留意事項

定年後再雇用者の賃金その他の処遇条件は、高年齢者の安定した雇用を確保するという高年齢者雇用安定法の趣旨を踏まえたものである限り、使用者の「合理的な裁量の範囲の条件」で提示することが許されるとされています。もっとも、定年後再雇用を有期雇用契約で行う場合には、労働契約法、パートタイム・有期雇用労働法等により、定年後再雇用者の賃金その他の処遇条件が無効とされないように十分検討することが必要です。

(3) 定年後再雇用者の退職金規程（再雇用期間等の取扱い）

➡ 第3章 CASE 6-1 参照

① 退職金の取扱い

退職金の性格については、さまざまな考えがありますが、中小企業の場合は「在職中の苦労に対する褒賞」という考えが多いようです。すなわち、在職中、職務の遂行を通じて会社の業績に貢献してくれたので、その見返りに退職時に金銭を支払うという考え方です。

会社の業績に貢献するためには、ある程度長期にわたって勤務することが必要です。このため、中小企業の退職金の算定においては、「勤続年数」が大きな役割を果たします。勤続年数が長くなればなるほど、退職金も増加する仕組みが多くなっています。

再雇用期間は、それほど長くはありません。60歳定年後65歳まで再雇用されるとしても、その期間は5年です。再雇用期間が10年、20年におよぶということは、あまり考えられません。

また、再雇用者が担当する業務は、正規の社員の業務に比較して、責任が軽い場合が多いです。再雇用者が会社の重要な業務を担当するということは、比較的少ないのが実情です。

さらに、定年退職時までの勤続に対応する退職金は、定年時に精算さ

れ、すでに支払われていることが多いです。

　これらの事情を勘案すると、再雇用期間に対しては、退職金は支払わないという考えが中小企業の場合は多いです。

② 退職金の算定方法

　再雇用期間に対しても退職金を支払う場合、その算定には、「金一封を支払う」、「再雇用期間1年につき○万円という形で算定する」、「基本給×再雇用年数という形で算定する」等が中小企業の場合はよく行われています。

③ 再雇用終了時に支払う場合

　退職金制度において、支払日は重要な問題です。従業員も、支払日に大きな関心を持っています。

　また、定年退職時までの退職金は、会社で預かっておき、再雇用の期間が満了して会社を退職するときに支払う場合には、退職金規程においてその旨を明記しておくことが必要です。

(4) その他賞与等の取扱い

➡ 第3章　CASE 6-1　CASE 8-2　参照

① 賞与の取扱い

　定年後再雇用者の賞与については、中小企業の場合、「一般の社員と同一の支給月数を支給する」、「勤務実態に応じて一般の社員よりも少ない支給月数を支給する」、「支給しない」という3つの取扱いのいずれかを選択しているケースが多いように思われます。

② 現実的な対応

　賞与については「フルタイムで勤務する場合は、基準単価は異なるが、一般の社員と同一程度の支給月数を支給する」、「短時間勤務の場合には、その時間数に応じて按分比例で、一般の社員よりも少ない支給月数を支給する」という取扱いをするのが中小企業の場合は比較的多いようです。

参考：東京労働局労働基準部監督課『明るい職場づくりのための就業規則作成の手引き』2015
　　年3月

COLUMN

就業規則周知に関するイントラネット方式の留意点

業務ⅠT化に伴い、イントラネット（社内ＬＡＮ）によって就業規則の周知をはかる会社が増えています。イントラネット方式を採用するときは、次の３点に留意することが必要です（平成11.1.29基発45）。

① 各作業場にパソコンを設置すること。

② 各従業員にパソコンを自由に操作する権限を与えること。

③ 各従業員に、必要なときに就業規則の内容を容易に確認できるよう、パソコンを操作する方法を周知すること。

第 2 章　高年齢者雇用の人事・労務管理の留意事項

7　高年齢者雇用の終了（雇止め、退職勧奨、解雇）

労働者と使用者との労働契約に基づく雇用関係が終了する場合には、使用者の労働者に対する一方的な意思表示によって行われる解雇とそれ以外の退職とに大別できます。

退職には、自己都合による退職の他、定年、契約期間の満了、本人の死亡等も含まれます。

また、事実上の退職強要や有期労働契約が反復更新され事実上期間の定めのない労働契約と同視できる場合の雇止め等は、解雇とみなされる場合がありますので注意が必要です。

（1）雇止めルール（契約の反復更新等）

➡ 第3章　CASE 7-1　CASE 7-2　参照

① 有期労働契約の雇止め

有期労働契約は、契約期間があらかじめ定められていますので、期間が満了すれば雇用関係が終了するのが原則です。しかし、有期労働契約が何度も更新され、全体として長く雇用関係が継続し、期間の定めのない労働契約と実質的にほとんど変わらない場合があります。

有期労働契約をめぐる労使当事者間のトラブルで多いのは、期間満了に際して更新するか否かについて労使双方の認識に食い違いがある場合や、それまで契約を更新し続けてきたのに突然次の期間満了をもって使用者が労働者に雇止めを通告するような場合です。

これまで更新されてきた有期労働契約の雇止めの有効性が実際に争われた裁判例では、例えば、ほとんど自動更新に近い状態で契約関係が継続していたり、労働者に対して更新を期待させるような使用者の言動があった等の事情を勘案して、実質的に期間の定めのないものと変わらないものとして、その雇止めを解雇に準じて考えるべきであると判断した事案が多くみられます。

このため、こうした後日のトラブルを未然に防ぐため、有期労働契約の

81

締結・更新・雇止めの各場面できちんとした手続をしておくべきことが、厚生労働省の告示（「有期労働契約の締結、更新、雇止め等に関する基準」（平成15.10.22厚労告第357、最終改正令和5.3.30厚労告第114）で示されています。

② 有期労働契約の締結・更新・雇止め等に関するルール（基準）

　ア．契約を締結するときに更新条件を明示する

　　・更新の有無を明示する。

　　・更新する場合があると明示したときは、更新する場合・しない場合の判断の基準を明示する。

　イ．30日前までに雇止めの予告する

　　・3回以上契約を更新している場合

　　・継続して1年を超えて雇っている場合

　に、契約を更新しないときは、少なくとも期間満了の30日前までに雇止めの予告をしなければなりません。

　なお、更新しないことがあらかじめ明示されている場合は予告不要です。

　ウ．雇止めの理由を明示する

　イの場合に、高年齢者等から請求された場合には、更新しない理由・更新しなかった理由について、証明書を遅滞なく交付しなければなりません。

■明示の例

- 前回の更新時に、すでに更新しないことが合意されていたため
- 契約当初から設定されていた更新回数の上限に達したため
- 担当業務が終了・中止としたため
- 業務遂行能力が十分ではないため
- 職務命令に反する行為を行ったこと・無断欠勤したこと等勤務状況が良くないため

出典：厚生労働省『有期労働契約の締結、更新、雇止め等に関する基準について』2024年4月

　エ．契約期間の長さに配慮する

　　・必要以上に短期間の労働契約を反復更新することのないように契約期間に配慮する。

　　・契約を更新するときは、契約の実態、高年齢雇用者の希望に応じてできるだけ期間を長くする。

（2）高年齢者の退職勧奨

➡ 第3章　**CASE 7-3**　参照

① 退職勧奨とは

　「退職勧奨」とは、使用者が労働者に対して退職を促すことです。一般に、個々の労働者の個別の事情に基づいて使用者が当該労働者に退職を促す場合をいいます。通常、解雇を有効に行うための要件が非常に厳しいため、解雇を行った場合の訴訟等によるリスクを回避するために利用される場合が多いです。

　なお、経営上の理由によるリストラに際して、希望退職募集制度を実施しながらも、目標退職者数を確保する目的で、あるいは、特定労働者の退職を特に促す目的で、さらに踏み込んで労働者と個別の面談を通して退職を勧め促すこともあります。

② 私傷病における休職期間満了による自動退職

　私傷病等で長期の欠勤が続く場合に、その後の一定期間の休職を認め、休職期間が満了した時点で私傷病が治らず、復職できないときに、自動的に退職とする取扱いは、一定の合理性を有すると考えられます。私傷病等が長期にわたって治癒せず、完全な労務の提供ができない場合は、雇用契約上の義務を果たせないため、本来であれば普通解雇にも該当するところです。これを直ちに解雇せず、一定期間治療に専念させて回復の可能性について様子をみて、それでも治らなければ、その時点において退職扱いにするという労働者にとって有利な雇用保障期間としての意味がこの休職制

度にはあります。

③ 休職に伴う復職判断の留意点

休職期間満了時点で休職事由が消滅しないことを理由とする自動退職扱いは、制度としては問題ないわけですが、企業実務にとって難しいのは、特に、私傷病休職において休職事由が消滅したかどうかの判断をいかに客観的に行うかということです。この点がよくトラブルとなります。誰がみても完治したことが明らかな事案は問題ないですが、メンタルヘルス不全等に代表されるように、通常の業務に耐え得る状態まで本当に回復しているかどうかの確信が持てず、最終判断に悩むことが少なくないです。

復職可否の判断は、産業医等の見解を踏まえ、最終的には使用者が行うことになります。復職を不可とする場合には、それは自動退職であり、それによる雇用の終了は本人の生活に重大な影響を及ぼすことになります。復職拒否に本人の納得が得られなければ、トラブルに発展するリスクが高いことを念頭に置き、慎重に判断することが必要となります。

また、休職期間満了時点では完全に回復していないが、もう少し待てば完全に回復することが明らかな場合には、就業規則を適用して自動的に退職扱いとするのではなく、本人の希望、産業医の診断等を踏まえ、休職期間を延長することも必要です。一定期間業務負担を軽減した復職を認める等、柔軟な対応が求められます。

（3）有期契約途中の解雇

➡ 第3章　CASE 7-1　CASE 7-4　参照

① 期間途中の解雇

有期労働契約は、契約であらかじめ契約期間を定めていますので、契約期間中は契約関係が存続することが前提となります。有期労働契約を締結している高年齢者等にとってみれば、少なくとも契約期間中は雇用が保障されています。したがって、本来雇用が保障されているはずの契約期間の途中で、使用者が高年齢者等を解雇するようなことになると、その高年齢者等の生活に大きな影響を与えることになってしまいます。このため、使

用者側からの期間途中の解雇は、「やむを得ない事由」がない限り認められないことになっています（労働契約法第17条第1項）。

② 解雇の手続

解雇しようとする場合には、使用者は、原則として、少なくとも30日前に解雇の予告をしなければなりません。解雇の予告を口頭で行うことも認められますが、後のトラブルを避けるためには解雇事由等を明記し、「解雇通知書」等の書面にして本人に通知することが必要です。

解雇しようとする日までに30日の余裕がないときは、解雇の予告をした上で、30日に不足する日数分の解雇予告手当を支払わなければなりません。即時解雇をする場合には、解雇と同時に解雇予告手当（平均賃金の30日分以上）を支払うことになります。

ただし、例外として、契約期間が短い者を解雇する場合や所轄労働基準監督署長の解雇予告除外認定を受けた場合等解雇の予告がいらない一定の場合があります。

また、解雇予告をした日から解雇日までの間に、予告を受けた高年齢者等から解雇理由についての証明書（解雇理由証明書）を請求された場合は、使用者は、遅滞なく証明書を交付しなければなりません。

なお、退職後に本人から請求された場合に退職理由等を記載した「退職証明書」を交付しなければなりませんが、これは「解雇理由証明書」とは別のものですので、それぞれ請求されたら遅滞なく交付する必要があります。

③ 解雇事由の明示・就業規則等への記載

どのような場合に解雇されるのか（解雇事由）については、最初の労働契約締結時に労働条件の1つとして書面で明示しなければなりません（労基法第15条第1項）。

また、就業規則等にも、あらかじめ解雇事由を記載しておかなければなりません（労基法第89条）。

このように、事前に解雇事由を明確にしておくことが、後で労使間のト

ラブルにならないための予防策でもあります。

　また、高年齢者等と使用者との民事的な関係において解雇が有効と認められるためには、実務上は、あらかじめ就業規則、労働協約あるいは個別の労働契約に解雇に関する定めをしておき、解雇する場合には、これらの根拠を示すことが必要と考えられています。

　なお、就業規則等の解雇事由に該当する場合でも、それだけで当然に解雇できるわけではなく、解雇権濫用法理に従い、その解雇に合理性・相当性があり、権利濫用に当たらないか否かという観点から、個別具体的に解雇の有効性を問うことになります。

④ 解雇権濫用法理

　解雇する場合には、その解雇が、ア．客観的に合理的な理由があること、イ．社会通念上相当であること、が認められなければ、使用者が解雇権を濫用したものとして無効となる可能性があります。

　この解雇権濫用法理は、就業規則や労働協約、個別の労働契約に使用者の解雇権の根拠があったとしても、個別事案において、その解雇に合理性・相当性があるか否かという観点から、具体的な諸事情を勘案してその解雇の有効性を判断するものです。

　「解雇は、客観的に合理的な理由を欠き、社会通念上相当であると認められない場合は、権利濫用として無効となる」という解雇のルールは、一般に解雇権濫用法理といわれ、裁判実務上確立してきた判例法理（日本食塩製造事件・昭和50.4.25最判・民集29巻4号456頁）等が元になって、労働契約法に明文化されたものです。

COLUMN

退職証明書の交付

　退職した労働者から「退職証明書」を請求されたときは、会社は遅滞なく交付する必要があります。また、解雇の予告を受けた労働

者が、退職日までに解雇の理由を明記した「解雇理由証明書」を請求したときも、遅滞なく交付することが義務づけられています（労基法第22条）。

　＜労働者が退職証明書への記載を求めることができる項目＞
　①使用期間
　②業務の種類
　③その事業における地位
　④賃金
　⑤退職の事由（解雇の場合は、その理由を含む）
　逆に労働者が請求しない項目を退職証明書、解雇理由証明書に記載してはいけません。

8 高年齢者雇用における人事・労務管理上の課題

　高年齢者雇用における人事・労務管理上の課題として、中小企業で問題となっていることが３つあります。第１には「副業・兼業」の問題です。2018（平成30）年に厚生労働省のモデル就業規則が改定され、副業・兼業の位置づけとしては、「原則禁止」から「原則容認」へと変更されています。

　これにより、就業規則の変更、労働時間管理、健康管理、労働・社会保険の対応等を速やかに検討することが必要となっています。

　第２として、定年後再雇用者等の再雇用時、更新時の労働条件変更等の問題です。定年前後における職務の内容や職務の内容・配置の変更の範囲の相違や、賃金の減額の程度等、さまざまな事情を検討し、バランスのとれた待遇となるようにすることが必要となっています。

　最後に、介護休業の問題です。近年、高年齢者の介護休業に関する問題が増えているような気がします。家族に介護を必要とする者が発生した場合、発病から症状が一定するまでの間の緊急避難的な一定期間の介護休業の制度や、勤務時間の短縮や柔軟化等が必要となります。介護休業等がなかなか取れず、休業期間中の取扱いも未整備であることが多く、企業としてもよりきめ細やかな対応が求められています。

（1）高年齢者雇用と副業・兼業

　➡ 第３章　 CASE 8 -1 　参照

　副業・兼業を行うということは、二つ以上の仕事をかけ持つことをここでは想定しています。副業・兼業は、企業に雇用される形で行うもの（正社員、パート、アルバイト等）、自ら起業して事業主として行うもの、コンサルタントとして請負や委任といった形で行うもの等、さまざまな形態があります。

　2018（平成30）年１月に厚生労働省が「副業・兼業の促進に関するガイドライン」を策定して以降、副業・兼業をめぐる環境は大きく変化しています。

副業・兼業に関する裁判例では、労働者が労働時間以外の時間をどのように利用するかは、基本的には労働者の自由であるとされており、裁判例を踏まえれば、原則、副業・兼業を認める方向で企業は就業規則等を検討することが必要となっています。以下、具体的な検討事項について厚生労働省のパンフレット「副業・兼業の促進に関するガイドライン　わかりやすい解説」（令和4年10月3日改定版）を基に解説します。

〔副業・兼業を認めるに当たって〕

① 就業規則等の整備

　就業規則等の見直しに当たってのポイントは、以下のようなことが考えられます。

　ア．副業・兼業を原則認めることとすること（許可制ではない。）

　イ．労務提供上の支障がある場合等、例外的に副業・兼業を禁止または制限することができるとされている場合を必要に応じて規定すること（就業規則等に必ず明記する。）

　ウ．副業・兼業の有無や内容を確認するための方法を労働者からの届出に基づくこととすること（届出フォーム等を準備する。）

　なお、副業・兼業に伴う労務管理を適切に行うためには、届出制等副業・兼業の有無・内容を確認するための仕組みを設けておくことも必要です。

　また、副業・兼業に関しては、

　エ．労働者の心身の健康の確保等から、長時間労働にならないようにすること（通算労働時間を常にチェックする。）

　オ．法を潜脱するような形態等で行われる副業・兼業は認められず、就労の実態に応じて、労基法や安衛法等における使用者責任が問われることに注意すること（健康状態を必ずチェックする。）

　カ．労働者が相談・自己申告等を行ったことにより不利益な取扱いはできないことに注意すること（本人の意思を尊重する。）

等に留意することが必要です。

〔副業・兼業を始める前に〕

② 副業・兼業に関する届出

　労働者は、副業・兼業を希望する場合は、まず、自身が勤めている会社の副業・兼業に関するルールを確認することが必要です。

　副業・兼業の選択に当たっては、企業が公表している副業・兼業に関する情報を参考にすることや、自社のルールに照らして業務内容や就業時間等が適切な副業・兼業を選択することが可能か等確認することが重要です。また、届出の有無や届出方法等についても確認することが必要です。

③ 副業・兼業の内容の確認

　使用者は、当然には労働者の副業・兼業を知ることができないため、労働者からの申告等により、副業・兼業の有無・内容を確認するようにすることが必要です。

　また、使用者は、副業・兼業が労働者の安全や健康に支障をもたらさないか、禁止または制限しているものに該当しないか等の観点から、副業・兼業の内容として必要な事項を確認することが必要です。

④ 所定労働時間の通算（原則的な労働時間管理の方法）

　確認した副業・兼業の内容にもとづき、自社の所定労働時間と副業・兼業先の所定労働時間を通算し、時間外労働となる部分があるかを確認することが必要です。

　所定労働時間を通算した結果、自社の労働時間制度における法定労働時間を超える部分がある場合は、その超えた部分が時間外労働となり、時間的に後から労働契約を締結した企業が自社の36協定で定めるところによってその時間外労働を行わせることになります。

〔副業・兼業が決まったら〕

⑤ 所定外労働時間の通算

　自社と副業・兼業先のいずれかで所定外労働時間が発生しない場合

の取扱いは、以下のとおりです。

・自社で所定外労働がない場合は、所定外労働時間の通算は不要

・自社で所定外労働があるが、副業・兼業先で所定外労働がない場合は、自社の所定外労働時間のみ通算する

　通算した結果、自社の労働時間制度における法定労働時間を超える部分がある場合は、その超えた部分が時間外労働となり、そのうち自ら労働させた時間について、自社の36協定の延長時間の範囲内とする必要があるとともに、割増賃金を支払う必要があります。

⑥ 健康管理の実施

　使用者は、労使の話し合い等を通じて、以下のような健康確保措置を実施することが重要です。

・労働者に対して、健康保持のため自己管理を行うよう指示する

・労働者に対して、心身の不調があれば都度相談を受けることを伝える

・副業・兼業の状況も踏まえ必要に応じ法律を超える健康確保措置を実施する

・自社での労務と副業・兼業先での労務との兼ね合いの中で、時間外、休日労働の免除や抑制を行う

　また、使用者の指示により副業・兼業を行う場合、使用者は、原則として、副業・兼業先の使用者との情報交換により労働時間を把握・通算し、健康確保措置を行うことが必要です。

　一方、労働者は、副業・兼業を行うに当たっては、副業・兼業先を含めた業務量やその進捗状況、それに費やす時間や健康状態を管理する必要があります。また、使用者による健康確保措置を実効あるもの

とする観点から、副業・兼業先の業務量や自らの健康状態等について企業に報告することが必要です。

(2) 再雇用時および更新時の労働条件不利益変更

➡ 第3章 CASE 8-2 参照

　定年後の再雇用やその後の更新時に賃金水準等を一律に減額する場合がよくみられます。この点について、厚生労働省の「高年齢者雇用安定法Q＆A（高年齢者雇用確保措置関係）※」では、「継続雇用後の労働条件については、高年齢者の安定した雇用を確保するという高年齢者雇用安定法の趣旨を踏まえたものであれば、最低賃金などの雇用に関するルールの範囲内で、フルタイム、パートタイムなどの労働時間、賃金、待遇などに関して、事業主と労働者の間で決めることができます。」（Ａ１－４）としています。

　ただし、あくまでも職務内容に照らした検討が必要であり、定年前の職務内容・賃金額との比較において、職務内容等の軽減度合に見合った水準といえるかを考慮に入れる必要があります。

　また、定年後の再雇用の更新時に賃金減額や労働条件の不利益変更を行う場合がありますが、更新前の賃金水準から引き下げる場合、経営状況の急激な悪化や、職務内容の変更の必要性に伴う賃金減額等の合理的理由が必要と考えられます。

　裁判例等を踏まえて、定年後再雇用労働者の労働条件を設定するポイントは以下のとおりです。

---

① **業務内容、責任の程度に差異を設ける**

　パートタイム・有期雇用労働法第8条の規定からすれば、やはり無期雇用労働者と定年後再雇用労働者との間で、担当させる業務の内容と最終的な責任の程度に差異を設けるのが基本的な対応になります。

② **勤務時間で差異を設ける**

　仮に、業務内容を定年前後で差を設けることがなかなか難しい場合で

第2章　高年齢者雇用の人事・労務管理の留意事項

も、無期雇用労働者の労働時間よりも短い労働時間にすることで差を設けるという方法は検討に値します。具体的には、無期雇用労働者の労働時間が1日8時間の場合には、定年後再雇用労働者については、1日4時間あるいは6時間という形をとれば、賃金格差が生じるのはむしろ当然ということになります。

　また、時間外労働や休日労働の有無でも差異を設けることが必要です。

③ 勤務地で差異を設ける

　正社員と定年後再雇用労働者との待遇差を問題とした長澤運輸事件（平成30.6.1最判・民集72巻2号202頁）では、正社員と定年後再雇用労働者ともに転勤があり得るということでこの点に差異はなく、差異がないことについて特段問題視されたわけではないものの、実務において、定年後再雇用労働者については、セカンドライフの設計にも影響を与えてしまうため、転勤のない勤務地限定の契約とすること等が考えられます。

※　厚生労働省「高年齢者雇用安定法Q&A（高年齢者雇用確保措置関係）」
　　https://www.mhlw.go.jp/general/seido/anteikyoku/kourei2/qa/

(3) 介護休業の取扱い（配偶者の介護）

　➡ 第3章　CASE 8-3　参照

① 介護休業の取得対象者

　介護休業は、要介護状態にある一定の家族（対象家族）を介護するための休業であり、男女問わず、また正社員のみならずパートタイマー等の非正規社員であっても原則として取得できます。

　ただし、期間の定めのある労働者について、取得に際し一定の条件が課せられます。

　また、対象からの除外に係る労使協定を締結している場合、以下の労働者も介護休業の対象外となるため、自社における労使協定の有無とその内

93

容の確認が必要となります（育児・介護休業法第12条第2項、育児・介護休業法施行規則第24条）。

■労使協定で除外できる労働者の範囲

> ア．勤続1年未満の者
> イ．申出の日から93日以内に雇用契約が終了することが明らかな者
> ウ．1週間の所定労働日数が2日以下の者

② 要介護状態とは

　介護休業の対象となる「要介護状態」とは、負傷、疾病または身体上もしくは精神上の障害により、2週間以上の期間にわたり「常時介護を必要とする状態」をいい、要介護認定を受けていなくても対象となり得ます。介護というと父母や祖父母等の老齢者に係る介護が想定されやすいですが、子どもや配偶者の病気・ケガについても、2週間以上の常時介護が必要となる場合には介護休業の対象となります。

③ 介護休業の対象家族の範囲

　介護休業の対象となる「家族」とは、配偶者、父母、子、祖父母、兄弟姉妹、孫および配偶者の父母とされています（育児・介護休業法第2条第4号、育児・介護休業法施行規則第3条）

　配偶者については、婚姻の届け出をしていないが、事実上婚姻関係と同様の事情にある者（事実婚）が含まれますが、子の範囲は、法律上の親子関係がある子（養子を含む）のみとなっています。

　また、以前は、一部の家族について同居の要件が付されていましたが、現在の制度では、すべての対象家族について同居要件は外されています。したがって、例えば、離れて暮らす実家の父母や別世帯の孫、遠方に住む祖父母が要介護状態となった場合であっても、介護休業することが可能です。

④ 介護休業の取得期間

　介護休業は、対象家族1人につき、通算93日まで取得可能です（育児・介護休業法第11条、第15条第1項）。

　介護休業は、労働者自らが介護に専念するために利用することを想定しているものではなく、介護保険サービスを受けるための準備等、対象家族を支える体制を構築するために利用することを想定した制度とされています。したがって、育児休業のように年単位の休業が認められるのではなく、93日、約3カ月間が限度とされています。障害等家族に長期的な介護が必要となる状況が発生した労働者については、その期間を利用して、介護サービスの利用等、介護と仕事の両立をはかる体制を整えてもらうことになります。

　なお、あくまで対象家族ごとの通算なので、要介護状態の原因となる負傷、疾病、障害が異なる場合でも、同一の家族については93日までしか利用できません。一方、父親の介護と母親の介護等、対象家族が異なれば、それぞれについて通算93日まで介護休業することが可能です。

⑤ 介護休業の回数

　介護休業の回数は、対象家族1人につき3回までとされており、分割取得も可能です。しかし、取得期間は通算93日までとされているため、同一の対象家族について、すでに介護休業を取得している場合には、先に取得している介護休業の期間も通算して93日までが限度となり、対象家族についてすでに介護休業した日数の合計が93日に達している場合は、当該家族について介護休業することはできませんので注意してください。

COLUMN

定年後再雇用者の継続雇用拒否

　定年後再雇用時の労働条件について、労働者との間で調整がつかず、結果的に労働者が継続雇用を拒否して退職したとしても、それ

は労働者の判断であり、高年齢者雇用安定法違反とはならないのが原則です。しかし、労働者が拒否することが明らかに見込まれる職務内容や低額の給与水準をあえて提示したような場合には、高年齢者雇用安定法の趣旨に反するものとして、退職した労働者による慰謝料請求が認められる可能性があります（九州惣菜事件・平成29.9.7福岡高判・労判1167号49頁、他）。

第 3 章

高年齢者雇用の
トラブルと対策

定年後再雇用の雇用契約締結から
雇用終了（雇止め、解雇等）に至
るトラブル防止などについて、そ
の対策から解決方法、予防措置等
の実務ポイントを実際に受けた相
談事例（ケース）に即して解説し
ています。

1 トラブルの多い定年後再雇用時の雇用契約等

> **CASE 1-1** 定年後再雇用契約時に書面明示しなかったことによる
> トラブル

➡第2章 **1 高年齢者雇用における労働条件等の明確化** 参照

トラブル概要

定年後の再雇用者として、勤務日数、労働時間、賃金等必要な項目だけを簡単な書面で提示して働いていた者から、「業務変更されたが契約時には何も説明を受けていない」とクレームが入った。

本人の希望を聞いて、週3日、1日実働6時間で契約したため、補助的な仕事に従事してもらうつもりで定年前とは異なる業務内容に変更を行ったが本人には何も説明していなかったためトラブルとなった。

トラブルへの対応

2024（令和6）年4月からの労働条件明示事項の変更については社内で確認していたが、定年後の再雇用者で今までの勤務状況も十分にわかっていたため、業務変更の説明については省略してしまった。契約時、口頭でも説明していなかった。本人に対して謝罪し、勤務日数、労働時間が少なくなったため、補助的な業務に就いてもらうこととなった旨を説明し、了解をとった。

その後、速やかに法改正で追加された項目も含めて、正式な労働条件通知書を交付し、業務内容や労働契約期間中に従事する業務の変更の範囲等についても説明し雇用契約書の締結に至った。

今後の対策等

・2024（令和6）年4月施行の改正労基法施行規則の内容を理解し、労働

条件通知書等が改正に対応しているか見直しを行うこととした。また、有期労働契約の更新時にも、契約締結時と同様に書面で明示することとした。

・定年後再雇用の場合は、定年前よりも賃金、労働時間等の労働条件が変更されることが多いため、賃金の決定、計算方法や諸手当の種類、金額等重要なものについては詳細に説明することにした。

トラブル解決のための留意点等

2024（令和6）年4月から施行されている労基法施行規則の改正により、労働条件の明示事項が追加されました。自社の労働条件通知書や雇用契約書が改正に対応できているか、確認する必要があります。

本ケースでは、改正によって追加された事項のうち「就業の場所・業務の変更の範囲」について解説します。

(1) 対象となる労働者

就業場所・業務の変更の範囲の明示はすべての労働者が対象となります（無期契約労働者だけでなく、パート・アルバイトや契約社員、派遣労働者、定年後の再雇用された労働者等の有期契約労働者も含みます。）。

変更の範囲の明示が必要となるのは、2024（令和6）年4月1日以降に契約締結・契約更新をする労働者となります。そのため、定年後再雇用者についても対象となりますので、契約締結・更新の際は本改正に則った明示を行うこととなります。

トラブル防止のため、制度改正以前から労働契約を結んでいる労働者についても、変更の範囲の明示を検討することが必要です。

(2) 改正によって追加された明示事項（労基法施行規則第5条）

「就業場所と業務の変更の範囲」については、法改正により、労働契約の締結時と、有期労働契約の更新時に、書面による明示が必要になりますので注意が必要です。

「就業場所」は、労働者が通常就業することが想定されている就業の場所

を、「業務」は労働者が通常従事することが想定されている業務のことを指します。

配置転換や在籍型出向が命じられた際の配置転換先や在籍型出向先の場所や業務は含まれますが、臨時的な他部門への応援業務や出張、研修等、就業の場所や従事すべき業務が一時的に変更される際の、一時的な変更先の場所や業務は含まれません。

「変更の範囲」とは、今後の見込みも含め、その労働契約の期間中における就業場所や従事する業務の変更の範囲のことをいいます。

労働者が情報通信技術を利用して行う事業場外勤務、いわゆるテレワークを雇入れ直後から行うことが通常想定されている場合は、「雇入れ直後」の就業場所として、また、その労働契約期間中にテレワークを行うことが通常想定される場合は、「変更の範囲」として明示することが必要です。具体的には、労働者の自宅やサテライトオフィス等、テレワークが可能な場所を明示します。

明示の具体的な記載方法については、厚生労働省ホームページで「モデル労働条件通知書」が公表されており、参考となります。

実務のポイント

（1）変更の範囲

「変更の範囲」については、就業場所や業務の内容がどの程度限定されるかにより、記載方法が異なります。限定がない場合はすべての就業場所や業務を含めるようにする必要があり、例えば「会社の定める営業所」や「会社内でのすべての業務」等というようにすべて網羅できるように明示することが必要です。

（2）有期労働契約の場合

期間の定めのない労働契約の場合には将来的に変更の可能性があればそれを踏まえて記載する必要がありますが、有期労働契約の場合には、変更の範囲についての明示は当該契約期間中におけるもの

のみで足ります。

　ただし、更新の可能性がある有期契約において当該契約期間中のことだけでなく更新した場合に可能性のある変更の範囲についても明示することは、キャリア形成を考えるうえで助けとなります。また、人材の定着率の向上をはかることもできます。

参考：厚生労働省『2024年4月からの労働条件明示のルール変更　備えは大丈夫ですか？』2024年9月

| CASE 1-2 | 定年後再雇用契約時に更新上限についての説明不十分によるトラブル |

➡第2章 　1　高年齢者雇用における労働条件等の明確化　参照

トラブル概要

　定年後再雇用時に有期労働契約を締結する際、更新上限があることを説明していなかったため、本人から、いつまで勤務できるのか質問があり、その際に初めて更新上限があることを説明した。

　本人は、契約時に何の説明もなかったので、健康状態が良ければ70歳位まで働くつもりでいたとのことで、事前に何の説明もないのは納得できないと言っている。

　雇用契約書にも更新上限については何も書かれていないし、再雇用契約締結時に口頭でも何も説明を受けていないため、本人は70歳まで働くと主張してトラブルとなった。

トラブルへの対応

　状況を確認したところ、法改正により、定年後再雇用契約の締結の際に更新上限の有無およびその内容を明示することが必要であることがわかった。そのため、本人に謝罪し、あらためて更新上限が明記されている雇用契約書を交付しながら、その理由や内容について説明した。

　本人としては更新上限なく働きたいとのことだったので、会社としても今後1年ごとに健康状態を確認しながら、70歳まで働けるような状態であれば働いてもらうことを約束して了解を得た。

今後の対策等

・有期労働契約について、更新上限がある場合には契約締結と更新のタイミングごとに、その内容を書面で明示することとした。

第3章　高年齢者雇用のトラブルと対策

・有期労働契約の変更または更新の際に、通算契約期間や更新回数の上限を定め、またはこれを引き下げようとする場合は、あらかじめ、その理由を労働者に説明することとした。

トラブル解決のための留意点等

(1) 更新上限の明示

　更新上限とは、有期労働契約の通算契約期間または有期労働契約の更新回数の上限を指します。使用者は2024（令和6）年4月1日以降に締結された有期労働契約から、更新上限がある場合はその内容（通算契約期間または有期労働契約の更新回数の上限）を書面で明示することが必要です（労基法施行規則第5条第1項第1号の2）。

　また、契約締結当初だけではなく、契約を更新する場合は、そのたびに明示が必要となりますので注意してください。

(2) 理由の説明は更新上限を新設・短縮するより前に

　使用者が、契約締結当初になかった更新上限を新設する場合や、契約締結当初の更新上限の通算契約期間または更新回数を短縮する場合は、2024（令和6）年4月1日から、あらかじめその理由を労働者に説明することが必要となっています（有期労働契約の締結、更新、雇止め等に関する基準第1条）。これは、事前説明を使用者に義務づけることで、労使間のトラブル防止につなげるのが目的です。契約の更新を期待していた労働者にとっては不利益につながることから、納得しうる理由とともに、丁寧に説明を尽くすことが求められます。

実務のポイント

(1) 労働者と使用者の認識が一致する明示を

　厚生労働省が更新上限の明示の例として示したのは、下記①②のとおりです。

103

> ① 契約期間は通算4年を上限とする
>
> ② 契約の更新回数は3回まで

出典：厚生労働省『2024年4月からの労働条件明示のルール変更　備えは大丈夫ですか？』2024年9月

　更新回数を重ねると、誤解や勘違いが生じる可能性もあります。同省は契約締結当初から数えた更新回数または通算契約期間の上限を明示した上で、現在が何回目の契約更新であるか等を併せて示すことが必要と説明し、労働者と使用者の認識が一致するような明示が重要だとしています（厚生労働省「令和5年改正労働基準法施行規則等に係る労働条件明示等に関するQ＆A」1.2[※]）。

　なお、対象者は、パート・アルバイトや契約社員、派遣労働者、定年後に再雇用された者等名称のいかんにかかわらず期間の定めのある労働者が対象となります。

（2）更新上限を新設・短縮しようとする場合の説明事項

　更新上限の新設・短縮の理由をあらかじめ説明する際は、文書を交付して個々の有期契約労働者ごとに面談等により説明を行う方法が基本です。説明の方法は特定の方法に限られるものではなく、説明すべき事項をすべて記載した資料を用いる場合は当該資料を交付して行う等の方法でも差し支えないとされています。

　また、説明会等で複数の有期契約労働者に同時に行う等の方法によってもかまいません。

　トラブルや紛争防止のため、新たな更新上限の内容については、事業主だけでなく労働者も一緒に書面等により確認し、双方で納得することが重要です。

※　厚生労働省「令和5年改正労働基準法施行規則等に係る労働条件明示等に関するQ＆A」https://www.mhlw.go.jp/content/11200000/001156119.pdf

第 3 章　高年齢者雇用のトラブルと対策

CASE 1-3　無期転換申込権発生時点において、転換後の労働条件の明示不十分によるトラブル

➡第 2 章　1　高年齢者雇用における労働条件等の明確化
　　　　　2　高年齢者雇用における無期転換ルールとその特例　参照

トラブル概要

　通算 5 年を超えて有期労働契約を更新した者から、期間の定めのない労働契約への転換の申込みがあった。その際、会社は明確な回答をせず、無期転換の意向確認や無期転換に関する情報提供も何もしなかった。そのため、本人は会社の取り組みに対して不満を持ち、行政に相談すると言ってきた。行政への相談後、再度、無期転換後の労働条件を明示してほしい旨要望があったが、会社が拒否したため、トラブルとなった。

トラブルへの対応

　会社は 5 年ルールへの対応や法改正による労働条件明示ルールの変更について、何も準備していなかった。本人から提示された法改正資料等について社内で検討し、無期転換ルール、無期転換後の労働条件明示等について対応を協議した。そして、有期契約労働者が使用者（企業等）に対して無期転換の申込みをした場合、無期労働契約が成立し、使用者は無期転換を断ることができないことを確認し、至急対応することを本人に伝え、了承してもらった。

　その後、急いで無期転換について承諾することを決定し、無期転換後の労働条件も社内で確定し、本人にも明示し、双方納得して合意することができた。

今後の対策等

・契約更新のタイミングのたびに、今回の更新により無期転換申込権が発生

105

するかどうか、人事担当部署の複数人で事前に確認を行うこととし、無期転換申込権発生予定者のリストを作り、事前にチェックするようにした。

・無期転換申込権を有する労働者に対しては、更新時に「無期転換後の労働条件」を労働者に対して書面で明示することとした。あわせて、無期転換後の労働条件を決定するに当たり他の通常の労働者との均衡を考慮した事項について、説明を行うこととした。

トラブル解決のための留意点等

（1）無期転換後の労働条件の明示事項（労基法施行規則第5条第5項）

「無期転換申込権」が発生する契約更新のタイミングごとに、無期転換後の労働条件を書面により明示することが必要になります。明示する労働条件は、労働契約締結の際の明示事項と同じものです。有期契約労働者が無期転換申込権を行使しない限り明示し続けなければならないため、無期転換申込権を有する契約更新のタイミングごとに明示が必要となります。

明示方法は、事項ごとに明示する他、有期労働契約の労働条件と無期転換後の労働条件との変更の有無、変更がある場合はその内容を明示する方法でも差し支えありません。

2024（令和6）年4月以降は、無期転換後の労働条件について、①無期転換申込権が生じる契約更新時と、②無期転換申込権の行使による無期労働契約の成立時のそれぞれで明示する必要があります。

（2）均衡を考慮した事項の説明（有期労働契約の締結、更新、雇止め等に関する基準第5条）

2024（令和6）年4月から施行されている労基法施行規則および上記基準の改正により、「無期転換申込権」が発生する契約更新のタイミングごとに、対象となる労働者に無期転換後の労働条件に関する定めをするに当たって、就業の実態に応じ、他の通常の労働者（正社員等のいわゆる正規型の労働者および無期雇用フルタイム労働者）との均衡を考慮した事項（例：業務の内容、責任の程度、異動の有無・範囲等）について説明するよう努めるこ

とが必要となりました。

この説明は文書を交付して個々の有期契約労働者ごとに面談等により説明を行う方法が基本ですが、説明の方法は特定の方法に限られるものではなく、説明すべき事項をすべて記載し、労働者が容易に理解できる内容の資料を用いる場合は当該資料を交付して行う等の方法でも差し支えないとされています。

また、説明会等で複数の有期契約労働者に同時に行う等の方法によっても差し支えありません。

(3) 無期転換制度の「特例」について

ここでは、無期転換発生時のトラブルについて解説しましたが、定年後再雇用者については「特例」が適用される場合があります。詳しくは CASE 2-2 にて解説しています。

実務のポイント

対象となる労働者への説明において、厚生労働省の資料（参考参照）によれば、下記の3点に留意する必要があります。

（1）どんなことを考慮するのか

比較対象	他の通常の労働者（正社員等のいわゆる正規型の労働者および無期雇用フルタイム労働者）の処遇
考慮する事項	業務の内容、当該業務に伴う責任の程度、異動の有無・範囲、その他考慮した事項

（2）労働者の理解を深めるために

上記の方法の他、個々の待遇ごとに違いの有無とその内容および理由を具体的に説明することは、無期転換後の労働条件に対する理解を深めるためにも必要です。

（3）無期転換後「別段の定め」を設ける場合

無期転換後の無期労働契約の労働条件（契約期間を除く）は、労働協約、就業規則、個々の労働契約で「別段の定め」をしないかぎり、無期転換前と同一の労働条件が適用されます。

なお、職務の内容等が変更されないのに無期転換後の労働条件を従前よりも低下させることは、無期転換を円滑に進める観点から望ましいものではないとされています。

参考：厚生労働省『2024年4月からの労働条件明示のルール変更　備えは大丈夫ですか？』2024年9月

第3章　高年齢者雇用のトラブルと対策

2　知らないとトラブルになる無期転換制度と特例申請手続

> **CASE 2-1**　定年後再雇用等における無期転換制度（５年ルール）
> のトラブル

➡第２章　**2　高年齢者雇用における無期転換ルールとその特例**　参照

トラブル概要

　定年後に１年ごとの有期労働契約を更新してきた者から「５年経ったので無期契約に転換してほしい」との申出があった。１年ごとの有期労働契約は、会社の経営状況等により、いつ契約を打ち切られるかわからないため、無期契約にしてほしいとのことだった。中小企業のため、経理部長が人事・労務の契約等の管理を行っている状況で、このような無期転換ルールがあることを人事担当者は知らなかった。本人には、無期ではなく、従来どおり１年の有期契約で更新することを伝えたが、納得せずトラブルとなった。

トラブルへの対応

　人事担当者が管轄の労働基準監督署に確認したところ、有期契約労働者の無期転換制度は、要件を満たしていれば、会社としては拒否できず、承諾しなければならないことがわかった。そのため、本人の希望どおり無期雇用に転換することにした。

　これから定年後再雇用者が何名か出てくる予定のため、会社としての対応を早めに検討することにした。

　なお、無期転換制度の特例申請手続を労働局に行うことで、定年後の再雇用者については、無期転換の申込権が発生しない方法もあるとのことだったので、早速検討することにした。

109

今後の対策等

・すでに無期転換申込権が発生している有期契約労働者が他にいないか、調査することとし、無期転換を申し込むことができる旨（無期転換申込機会）を労働者に対して書面で明示することにした。

・定年後再雇用者について、無期転換制度の特例申請手続を行えないか社内で検討を行い、労働局に無期転換措置の特例申請について、手続方法、必要添付書類等について確認することとした。

トラブル解決のための留意点等

（1）無期転換制度の適用対象

　無期転換申込権は、労働契約法第18条第1項前段の要件を満たす「労働者」に発生します。有期契約労働者についての、業務内容、職種、雇用目的、呼称、待遇、期間の長短等は、無期転換制度の適用の有無には影響がなく、有期契約労働者であれば無期転換制度の対象に含まれます。

　学生アルバイトが無期労働契約に転換することは、使用者が想定しておらず、労働者においても考えていないことがほとんどです。しかし、そのような場合であっても、所定の要件を満たせば、当該学生アルバイトには無期転換申込権が発生しますので注意してください。

　契約形式が請負契約や委任契約であっても、無期転換申込権の行使があり得ないとはいえません。契約更新が5年を超えてなされてきた請負契約や委任契約の相手から無期転換申込権行使の申込みがなされた場合には、実質的に「労働者」に該当するのであれば無期契約労働者に転換するという取扱いをすることが必要となります。

（2）無期転換後の無期労働契約の就労開始日

　無期転換制度では、有期契約労働者が無期転換申込権を行使すれば、使用者がその申込みを承諾したものとみなされ、その時点で無期労働契約が成立します。ここで成立する無期労働契約は、現に締結している有期労働契約の契約期間満了日の翌日から労務の提供がなされる契約です（平成24.8.10

基発0810第2）。

(3) 無期転換ルールの特例

　無期転換ルールは、原則として、契約期間に定めがある「有期労働契約」が同一の企業で通算5年を超えるすべての者が対象です。契約社員やパートタイマー、アルバイト、派遣社員等の名称は問いません。

　ただし、以下に該当する場合は特例の適用があります。

---

① 「高度な専門知識等を有する有期雇用労働者」および「定年後引き続いて雇用される有期雇用労働者」に関する無期転換ルールの特例
② 大学等および研究開発法人等の研究者、教員等については、無期転換申込権発生までの期間を5年から10年とする特例

　上記に該当する場合は、労働局に特例申請手続を行えば、5年を経過しても無期転換申込権は発生しません。

実務のポイント

(1) 無期転換申込機会の明示

　「無期転換申込権」が発生する契約更新のタイミングごとに、該当する有期労働契約の契約期間の初日から満了する日までの間、無期転換を申し込むことができる旨（無期転換申込機会）を書面により明示することが必要になります。

　初めて無期転換申込権が発生する有期労働契約が満了した後も、有期労働契約を更新する場合は、更新の都度、上記の明示が必要になりますので注意してください。

(2) 無期転換ルールと雇止め、解雇

　無期転換ルールとは、同一の使用者（企業）との間で、有期労働契約が5年を超えて更新された場合、有期契約労働者（定年後の嘱託社員等）からの申込みにより、無期労働契約に転換されるルール

のことをいいます。有期契約労働者が使用者（企業）に対して無期
転換の申込みをした場合、無期労働契約が成立します（使用者は無
期転換を断ることができません）。

　なお、無期転換ルールの適用を免れる意図をもって、無期転換申
込権が発生する前の雇止めや契約期間中の解雇等を行うことは、
「有期労働契約の濫用的な利用を抑制し労働者の雇用の安定をはか
る」という労働契約法第18条の趣旨に照らして望ましいものでは
ないとされていますので注意してください。

参考：厚生労働省『無期転換ルールハンドブック～無期転換ルールの円滑な運用のために～』
　　　2024年12月

第3章　高年齢者雇用のトラブルと対策

> **CASE 2-2**　有期契約労働者の無期転換制度「特例」申請手続のトラブル

➡第2章　**2　高年齢者雇用における無期転換ルールとその特例**　参照

トラブル概要

　定年後の再雇用者から、1年ごとの有期雇用が5年経過したら無期転換の申込みを行いたいとの相談があった。

　会社としては、65歳までは嘱託として働いてほしい気持ちはあるが、全員が無期転換を希望することは現在のところ想定していない。

　そのため、本人に「会社が必要と判断する人材だけ65歳以上になっても残ってもらうことを検討中であり、無期転換制度の特例申請の準備もしている」と伝えた。本人からは今までの会社への貢献により65歳以降も全員が働けるように、早急に検討してほしいと要望されトラブルとなった。

トラブルへの対応

　会社としては、無期転換の特例申請手続を行うため、計画（第二種計画）の作成、それに伴う雇用管理上の措置等について準備を行っていることを説明した。

　再雇用の有期契約労働者（継続雇用の高齢者）を雇用する事業主が計画の認定を受けた場合、その有期契約労働者は特例の対象となり、無期転換申込権は発生しないということも説明した。

　その後、再雇用者全員に、無期転換制度の「特例」の認定を受けたこと、65歳以降の雇用について等会社の方針を話した。ただし、会社の経営状況が改善した場合には、65歳以降の継続雇用も検討する旨話して理解を求め、本人にも納得してもらった。

今後の対策等

・高年齢者雇用安定法、有期雇用特別措置法に規定される高年齢者雇用等推進者の選任など雇用管理上の措置を講じた。また、賃金体系の見直し、勤務時間制度の弾力化についても検討した。

・特例の適用対象となる定年後再雇用者に対し、締結・更新時に、無期転換ルールの特例が適用され無期転換申込権が発生しないことを書面で明示し、説明を行うこととした。

トラブル解決のための留意点等

（1）無期転換制度の「特例」

　無期転換ルールの特例の適用を希望する事業主は、その特性に応じた適切な雇用管理に関する措置についての計画を作成し、本社の所在地を管轄する都道府県労働局に申請し、当該申請が認定されれば、特例の対象労働者（①高度専門職と②継続雇用の高齢者）について、無期転換ルールに関する特例が適用される仕組みです。

　①　高度専門職

　　適切な雇用管理に関する計画を作成し、都道府県労働局長の認定を受けた事業主に雇用され、高収入で、かつ高度の専門的知識等を有し、その高度の専門的知識等を必要とし、5年を超える一定の期間内に完了する業務（特定有期業務。以下「プロジェクト」といいます。）に従事する有期雇用労働者（高度専門職）については、そのプロジェクトに従事している期間は、無期転換申込権が発生しません。

　　ただし、無期転換申込権が発生しない期間の上限は、10年です。

　　なお、事業主との間で締結された有期労働契約の契約期間にその事業主から支払われると見込まれる賃金の額を年収に換算した額が1,075万円以上であることが必要です。

　②　継続雇用の高齢者

　　適切な雇用管理に関する計画を作成し、都道府県労働局長の認定を受け

た事業主（特殊関係事業主含む）の下で、定年に達した後、引き続いて雇用される有期雇用労働者（継続雇用の高齢者）については、その事業主に定年後引き続いて雇用される期間は、無期転換申込権が発生しません。

　一方、特殊関係事業主（いわゆるグループ会社）以外の他の事業主で継続雇用される場合には、特例の対象にならず、無期転換申込権が発生することに注意してください。

（2）特例が適用される継続雇用の高齢者

　有期雇用特別措置法上の特例を受けることができる「継続雇用の高齢者」とは、定年（60歳以上）に達した後、引き続いて当該事業主に雇用される有期雇用労働者です。

　継続雇用の高齢者に関しては、定年前と同一または特殊関係事業主に定年後引き続いて雇用される期間は無期転換申込権が発生しないことになっています。

　なお、特殊関係事業主とされるのは、いわゆるグループ会社であり、具体的には、元の事業主の子法人等を指します。

（3）計画（第二種計画）の作成・認定（有期雇用特別措置法第6条）

　継続雇用の高齢者についての特例を受けるためには、事業主が雇用管理措置についての計画（第二種計画）を作成した上で、都道府県労働局長の認定を受けることが必要です。

　継続雇用の高齢者については、一事業主について複数の計画を作成する必要はありません（プロジェクトごとに計画（第一種計画）の作成・認定が必要な高度専門職の特例とは異なります）。

　なお、高度専門職と継続雇用の高齢者の特例を両方とも受ける場合は、それぞれ別の計画の認定を受けることが必要となりますので注意してください。

（4）適用の時期

　定年にすでに達した後に再雇用された有期契約労働者を雇用する事業主が計画の認定を受けた場合、その有期契約労働者も特例の対象となり、無期転

換申込権は発生しません。

　ただし、計画の認定を受ける前に、継続雇用の高齢者が無期転換申込権を行使していた場合には、無期労働契約となりますので注意してください。

　また、定年後に同一の事業主に継続雇用され、その後、引き続いて特殊関係事業主に雇用される場合は、その有期契約労働者は特例の対象となります。その場合には、通算契約期間については使用者ごとに行われますので、通算期間の開始は、その特殊関係事業主に雇用された時点からになります。

実務のポイント

（1）雇用管理上の措置

　特例が適用される継続雇用の高齢者については、高年齢者雇用安定法に規定される高年齢者雇用確保措置のいずれかを講じるとともに、以下のいずれかの措置をとることが必要です（有期雇用特別措置法第6条第2項第1号、平成27.3.18厚労告69第2の2(1)）。

■高年齢者雇用確保措置

> ① 高年齢者雇用等推進者の選任
> ② 職業能力の開発および向上のための教育訓練の実施等
> ③ 作業施設・方法の改善
> ④ 健康管理、安全衛生の配慮
> ⑤ 職域の拡大
> ⑥ 知識、経験等を活用できる配置、処遇の推進
> ⑦ 賃金体系の見直し
> ⑧ 勤務時間制度の弾力化

（2）適用の時期、書面による明示

　定年にすでに達した後に再雇用された有期契約労働者（継続雇用の高齢者）を雇用する事業主が計画の認定を受けた場合、その有期

契約労働者も特例の対象となり、無期転換申込権は発生しません。

ただし、計画の認定を受ける前に、継続雇用の高齢者が無期転換申込権を行使していた場合には、無期転換が発生します。

なお、この特例の適用を受ける場合、継続雇用の高齢者に、定年後に引き続いて雇用されている期間が無期転換申込権の発生しない期間であることを書面で明示する必要があります（労基法第15条、特定有期雇用労働者に係る労働基準法施行規則第5条の特例を定める省令第2条）。

参考：厚生労働省『無期転換ルールハンドブック〜無期転換ルールの円滑な運用のために〜』
　　　2024年12月
　　　厚生労働省『2024年4月からの労働条件明示のルール変更　備えは大丈夫ですか？』2024
　　　年9月

| CASE 2-3 | 無期転換申込権の発生とクーリング期間についてのトラブル |

➡第2章　2　高年齢者雇用における無期転換ルールとその特例　参照

トラブル概要

　定年後、6カ月の有期労働契約を結んで働いていた者が、体調を崩したとして本人からの申出により契約を更新せず、2カ月が経過した。

　その後、体調が良くなったということで、また、6カ月の有期雇用契約を結んだが、2カ月の無契約期間の前後の各6カ月の期間は通算されるのかどうか本人から確認があった。「空白期間がある場合、それ以前の契約期間は通算期間5年の対象から除外される」と聞いたので不安になったとのことだった。

　会社は、2カ月の空白期間があるので、前後の各6カ月の期間は通算されない旨回答したが、本人は納得せずトラブルとなった。行政に確認して正確に回答してほしいと要望があった。

トラブルへの対応

　会社としても労働局に確認したところ、「無契約期間2カ月は、その前にある有期労働契約の契約期間6カ月に2分の1を乗じて得た3カ月より短いので、当該無契約期間の前後の各6カ月の有期労働契約は連続すると認められるものとして契約期間は通算されます。」との回答を得た。会社側の当初の説明は誤りであった旨を本人に説明し、納得してもらった。

　本人は、5年経ったら無期転換の申出を行う予定とのことで通算期間のことを気にしていたため、安心した様子だった。

今後の対策等

・無契約期間がクーリング期間となるかの判断について、通算契約期間が1

第3章　高年齢者雇用のトラブルと対策

年以上の場合、1年未満の場合に分けて複数名で確認を行うこととした。

・無期転換申込権の発生時期についても、クーリング期間を除いて無期転換申込権が発生するかどうかをあわせて確認することとした。

トラブル解決のための留意点等

（1）クーリングとは

　厚生労働省の資料※によると、「同一の使用者との間で、有期労働契約を締結していない期間が一定以上続いた場合、それ以前の契約期間は通算対象から除外されること」を、クーリングといいます。

※　厚生労働省『2024年4月からの労働条件明示のルール変更　備えは大丈夫ですか？』2024年9月

（2）クーリング期間の判断

　具体的にどのような場合にクーリングされることになるかは、無契約期間の前の通算契約期間と無契約期間の長さによって異なり以下のとおりとなります。

> ① 無契約期間以前の通算契約期間が1年以上の場合
>
> ・無契約期間が6カ月以上の場合
>
> 　無契約期間が6カ月以上あるときは、その期間より前の有期労働契約は通算契約期間に含まれません（クーリングされます）。
>
> ・無契約期間が6カ月未満の場合
>
> 　無契約期間が6カ月未満のときは、その期間より前の有期労働契約も通算契約期間に含まれます（クーリングされません）。
>
> ② 無契約期間以前の通算契約期間が1年未満の場合
>
> 　「クーリングされるケース」の表のとおり、無契約期間が前の通算契約期間の半分（ただし端数は1カ月単位で切上げ）より長ければ、無契約期間より前の有期労働契約は通算契約期間に含まれません（クーリングされます）。

119

本トラブルは②のケースに該当します。

その場合、無契約期間後の次の有期労働契約から通算契約期間のカウントが再度スタートします。

次のとおりのクーリング期間を置くと契約期間は通算されません。

■クーリングされるケース

無契約期間の前の 通算契約期間	契約がない期間 （無契約期間）
2カ月以下	1カ月以上
2カ月超 ～ 4カ月以下	2カ月以上
4カ月超 ～ 6カ月以下	3カ月以上
6カ月超 ～ 8カ月以下	4カ月以上
8カ月超 ～ 10カ月以下	5カ月以上
10カ月超～	6カ月以上

参考：厚生労働省『無期転換ルールハンドブック～無期転換ルールの円滑な運用のために～』
2024年12月

実務のポイント

クーリング期間の計算

　有期労働契約の契約期間が1年以上の場合、6カ月がクーリング期間の長さになります。

　また、有期労働契約の契約期間が1年に満たない場合、その半分の期間を基礎として省令が定める期間がクーリング期間となります。省令（「労働契約法第18条第1項の通算契約期間に関する基準を定める省令」平成24.10.26厚労令148）によれば、2分の1を乗じて得た期間に1カ月に満たない端数が生じた場合、同端数を1カ月の期間に繰り上げることとしています。

第3章　高年齢者雇用のトラブルと対策

3　労働・社会保険適用に伴うトラブル防止実務

> **CASE 3-1**　高年齢者の雇用保険適用（マルチジョブホルダー制
> 　　　　　　　度）のトラブル

➡第2章　**3　高年齢者雇用における労働・社会保険の適用等**　参照

トラブル概要

　66歳の嘱託の者から雇用保険加入の申出があった。当社では、週3日、1週15時間で働いているが、1週の所定労働時間が20時間未満ということで、雇用保険には加入していなかった。

　新しくできた「雇用保険マルチジョブホルダー制度」を利用したいとの希望があり、会社の労働・社会保険の事務担当者に加入の申出を行ったが手続を拒否された。そのため、本人自らが公共職業安定所に出向き、加入要件を満たすことを確認し、申出が遅れた場合は、加入が遅くなるので早く手続するように苦情がきてトラブルとなった。

トラブルへの対応

　当初、労働・社会保険の事務担当者が、この雇用保険マルチジョブホルダー制度を知らなかったため手続を拒否したが、公共職業安定所に確認して、雇用保険加入の手続を進めることが必要ということになり、準備を進めることになった。

　手続が特殊なため、本人にもその旨を説明し、事業主の証明や確認資料等の用意を速やかに行うことにした。

今後の対策等

・雇用保険マルチジョブホルダー制度の概要に加え、申出日より前にさかのぼって被保険者となることはできないため速やかな手続を行うことが労

121

働・社会保険担当者にとって特に重要である点を理解した。
・今後、同様の申出があることが見込まれるため、今回の社内対応について労働・社会保険の部署内での共有を行った。また、マルチジョブホルダー制度の手続は、一般被保険者の通常の手続とはかなり異なるため、資格取得、資格喪失等に分けて整理し、マニュアル化した。

トラブル解決のための留意点等

（1）雇用保険マルチジョブホルダー制度

雇用保険マルチジョブホルダー制度は、副業・兼業等の柔軟な働き方の拡大や、就業を行う高年齢者の増加により2022（令和4）年1月から試行的に創設された制度です。

以下の要件を満たす労働者（マルチジョブホルダー）が自身の住居所を管轄する公共職業安定所に申し出ることで、申出を行った日から特例的に雇用保険の被保険者（マルチ高年齢被保険者）となることができます（雇用保険法第37条の5）。

なお、申出日よりも前にさかのぼって被保険者となることはできないため、手続の際は注意が必要です。早めに手続する必要があります。

■雇用保険マルチジョブホルダー制度の適用対象者の要件

> 次の①～③の要件をすべて満たすこと。
> ① 複数の事業所に雇用される65歳以上の労働者であること
> ② 2つの事業所（1つの事業所における1週間の所定労働時間が5時間以上20時間未満）の労働時間を合計して1週間の所定労働時間が20時間以上であること
> ③ 2つの事業所のそれぞれの雇用見込みが31日以上であること

出典：厚生労働省・東京労働局職業安定部『雇用保険事務手続きの手引き（令和6年8月）』2024年8月

また、3つ以上の事業所で勤務している場合は、マルチジョブホルダーが雇用保険に加入する2つの事業所を選択する必要があります。

（2）手続の実際

① 資格取得手続

　雇用保険マルチジョブホルダー制度は、事業主が行う一般的な雇用保険における資格取得や資格喪失の手続と異なり、マルチジョブホルダー本人の申出に基づいて行います。

　資格取得の手続の際には、2つの事業主それぞれの証明と、事業主から交付された確認資料（賃金台帳・出勤簿、労働者名簿、雇用契約書、労働条件通知書・雇入通知書等）の添付が必要となるため、本人から証明を求められた場合、事業主は速やかにその証明を行うことが必要です（雇用保険法施行規則第65条の6第4項）。

　手続の完了後、マルチ高年齢被保険者本人の住所または居所を管轄する公共職業安定所から2つの事業主それぞれに「雇用保険マルチジョブホルダー雇入・資格取得確認通知書（事業主通知用）」が交付され、通知書に記載された資格取得年月日から雇用保険料の納付義務が発生します。

② 資格喪失手続

　2つの事業所のいずれか一方または両方で離職や雇用契約等の変更があったときに、マルチ高年齢被保険者の資格を喪失する場合があるため注意が必要です。

　なお、任意で資格を喪失することはできません。

　資格喪失の手続は取得時と同様に、原則としてマルチジョブホルダー本人が行いますが、本人が死亡した場合は2つの事業主それぞれが行うこととされています。

③ 失業した場合の給付

　マルチ高年齢被保険者であった労働者が失業した場合には、一定の要件を満たせば、高年齢求職者給付金を一時金で受給することができます。

　給付額は、原則として、基本手当日額の30日分または50日分です。

実務のポイント

（1）マルチジョブホルダーを雇入れた場合の添付書類等

> ① **記入書類**
>
> 「雇用保険マルチジョブホルダー雇入・資格取得届」
>
> ② **確認書類**
>
> 賃金台帳・出勤簿（原則、記載年月日の直近１カ月分）、労働者名簿、雇入通知書等

　役員、事業主と同居している親族および在宅勤務者等といった労働者性の判断を要する場合は、別途確認資料が必要となります。

　なお、確認書類の省略はできないので注意してください。

（2）証明書類等の協力義務、雇用保険料の控除

　事業主は、労働者から手続に必要な証明を求められた場合は、速やかに対応する必要があります。なお、マルチ高年齢被保険者の資格を取得した日から雇用保険料の納付義務が発生しますので注意が必要です。保険料の計算は、通常の雇用保険と同様に、それぞれの事業主が支払う賃金総額に保険料率を乗じて計算します。なお、留意が必要なのは、月の途中でマルチ高年齢被保険者になった者がいる場合です。雇用保険料の額を算定するための賃金総額を算出するにあたって、その資格取得日が属する月に関しては、資格取得日からの賃金額を個別に計算する必要があります。

　また、マルチ高年齢被保険者となるべき者が、その申出を行ったことを理由として、解雇や雇止め等の不利益な取扱いを行うことは法律上禁じられています（雇用保険法第73条）。

第3章　高年齢者雇用のトラブルと対策

> CASE 3-2　定年後再雇用時の雇用保険適用（短時間勤務による適用除外）についてのトラブル

➡第2章　3　高年齢者雇用における労働・社会保険の適用等　参照

トラブル概要

　定年後嘱託再雇用となる者の希望により、一部在宅勤務を含めて週3日勤務で1日5時間の嘱託契約を結ぶ予定だったが、この契約だと雇用保険の資格を喪失してしまうため、契約の見直しを行ってほしいとの申出があった。

　会社も気づかなかったが、労働契約の変更により労働時間が週20時間未満となった場合は、雇用保険の資格喪失手続が必要となるため、労働条件の見直しを行うことになった。何十年も雇用保険に加入してきたのに、会社はなぜ何も助言してくれなかったと批判されトラブルとなった。

トラブルへの対応

　雇用保険の被保険者資格を維持するため、本人と話し合って契約を再検討することになった。週20時間以上を基本に働き方を調整し、本人の負担にならないようなシフトで、出勤日、労働時間を調整することにした。雇用保険の適用だけではなく、社会保険の適用についても再検討することを本人に伝え、本人からも労働・社会保険両方とも加入できる労働条件を検討してほしいとの要望があった。

　会社も本人の要望どおり契約を見直すこととし、次回更新時に雇用契約書を上記条件に変更することとした。

今後の対策等

・労働時間の短縮、在宅勤務への変更など労働条件の変更を行う際は、雇用保険の加入要件を満たしているか、事前に確認を行うこととした。

・2028（令和10）年10月1日からは、1週間の所定労働時間に関する要件

125

が10時間以上と改正されるため、現在、10時間以上20時間未満で働いている者についても事前に確認することにした。

トラブル解決のための留意点等

（1）雇用保険の加入要件

事業主に雇用される労働者のうち、原則として、①１週間の所定労働時間が20時間以上であり、②同一の事業主に継続して31日以上雇用されることが見込まれている者は、本人の意思にかかわらず、法律上当然に雇用保険の被保険者となります（雇用保険法第６条）。

なお、所定労働時間が週20時間以上となる労働条件に復帰することを前提として、育児や病気、ケガ等により臨時的・一時的に１週間の所定労働時間が20時間未満となる場合には、被保険者資格は継続するため、資格喪失手続は不要となります。

（2）所定労働時間の短縮に伴う被保険者資格の喪失

労働条件の変更により恒常的に当該労働者の１週間の所定労働時間が20時間未満になった場合は、加入要件を満たさないこととなるため、被保険者資格を喪失します。

この場合、事業主は、短時間勤務となった日の前日を離職日とみなし、離職日の翌日から起算して10日以内に所轄の公共職業安定所に「雇用保険被保険者資格喪失届」を提出する等、資格喪失手続を行う必要があります（雇用保険法第７条、雇用保険法施行規則第７条）。

資格喪失手続終了後に、公共職業安定所からは、被保険者氏名や事業所番号等が印字された「雇用保険被保険者資格喪失確認通知書（事業主通知用）・雇用保険被保険者資格喪失確認通知書（被保険者通知用）」が交付されます。被保険者通知用については、忘れずに本人に渡すようにしてください。

第3章　高年齢者雇用のトラブルと対策

実務のポイント

(1) 1週間の所定労働時間を変更する場合の適用

　「1週間の所定労働時間」とは、就業規則、雇用契約書等により、その者が通常の週に勤務すべきこととされている時間のことです。

　この場合の通常の週とは、祝日およびその振替休日、年末年始の休日、夏季休暇等の特別休日を含まない週をいいます。

　なお、1週間の所定労働時間が短期的かつ周期的に変動する場合には、当該1周期における所定労働時間の平均（加重平均）を1週間の所定労働時間とします。

　また、所定労働時間が1カ月単位で定められている場合は、1カ月の所定労働時間を12分の52で除して得た時間を、1年単位で定められている場合は、1年の所定労働時間を52で除して得た時間を、それぞれ1週間の所定労働時間とします。

(2) 在宅勤務者の雇用保険適用

　在宅勤務者の場合は、事業所勤務と同一の就業規則等の諸規定（その性質上在宅勤務者に適用できない条項を除く）が適用され、次の5つの要件をすべて満たせば雇用保険の被保険者となります。

> ① 指揮監督系統が明確なこと。
> ② 拘束時間等が明確なこと。
> ③ 各日の始業・終業時刻等の勤務時間管理が可能なこと。
> ④ 報酬が、勤務した期間または時間を基礎としていること。
> ⑤ 請負・委任的でないこと。

参考：厚生労働省・東京労働局職業安定部『雇用保険事務手続きの手引き（令和6年8月）』2024年8月

| CASE 3-3 | 高年齢者出向に関する雇用保険の取扱いに関するトラブル |

➡第2章 　3　高年齢者雇用における労働・社会保険の適用等 　参照

トラブル概要

　60歳定年後、嘱託として、子会社に出向する者がいる。在籍出向で、賃金の4分の3を当社で負担し、子会社で4分の1を負担する契約となっている。

　本人から「出向した場合には、雇用保険はどうなるのか詳しく説明してほしい。将来退職したら失業等給付を必ず受給したいので、雇用保険は必ず残してほしい」との要望を受けた。

　会社としても出向についての雇用保険関係の取扱いは考えていなかったため、調べて回答する旨本人に伝えた。

　その際、本人からは出向して雇用保険の失業等給付が将来受けられなくなった場合は、その分会社で弁償してほしいと言われトラブルとなった。

トラブルへの対応

　管轄の公共職業安定所に確認したところ、出向元と出向先の2つの雇用関係を有する出向労働者は、同時に2つ以上の雇用関係にある労働者に該当するので、その者が生計を維持するのに必要な主たる賃金を受けている方の雇用関係についてのみ被保険者となるとの回答があった。

　そのため、生計を維持するのに必要な主たる賃金を受けている当社で雇用保険の被保険者となる旨を本人に説明し、納得してもらった。

今後の対策等

・在籍出向の場合、雇用保険は「主たる賃金を受ける雇用関係」でのみ適用となることを理解し、出向の発生都度、出向元・出向先どちらの被保険者

となるか確認することとした。また、健康保険・厚生年金保険の取扱いについても確認することとした。

・雇用保険の手続において、出向と転勤の手続は異なるものであることを把握し、資格喪失時の離職証明書の作成等についても整理することとした。

トラブル解決のための留意点等

出向に関する雇用保険の取扱い

出向に関する雇用保険の取扱いは、出向の形態に合わせて、以下の2種類に分類されます。

なお、雇用保険では、労働者が出向して2以上の事業主と雇用関係ができたようなときは、その労働者が生計を維持するに必要な主たる賃金を受ける一の雇用関係のみ被保険者として取扱うこととしています。

したがって、賃金の4分の3をA社が負担し、4分の1をB社が負担する場合には、A社の被保険者として取扱うことになります。

① 移籍出向

出向元事業主との雇用関係を終了させて勤務する場合で、出向元の事業主を離職し、出向先の事業主に新たに雇用されたものとして取扱われます。この場合には、出向元の資格喪失と出向先の資格取得手続が必要となります。

② 在籍出向

出向元の事業主との雇用関係を継続させたまま出向先で勤務する場合で、出向元と出向先の両事業所との間に雇用関係が生じることとなります。

雇用保険では、そのうち主たる雇用関係、すなわち、その者が生計を維持するために必要な主たる賃金を受ける一の雇用関係についてのみ被保険者となります。

したがって、出向元で賃金が支払われる場合は原則として出向元の事業主の雇用関係について、出向先で賃金が支払われる場合は原則として出向

129

先の事業主との雇用関係について、それぞれ被保険者資格を有することとなります。

ただし、この被保険者が離職した場合には、被保険者となっている会社での賃金のみが、離職票の賃金に記載されることとなります（子会社等の賃金は記載されません）ので注意してください。

実務のポイント

（1）出向における雇用保険の適用関係

同時に2以上の事業主との間に雇用関係を有する被保険者のうち、事業主が将来、再びその事業主の業務にもっぱら従事させることを条件として、その指示により雇用関係を存続したまま他の事業主に雇用された出向労働者については、「生計を維持するのに必要な主たる賃金を受ける事業所において被保険者となります」（厚生労働省・東京労働局職業安定部『雇用保険事務手続きの手引き（令和6年8月）』2024年8月）。

（2）被保険者が「転勤」したときの雇用保険の手続

出向と転勤の手続を間違えて行う場合があります。

転勤とは、被保険者の勤務する場所が、同一の事業主の一の事業所から他の事業所に変更される場合をいいます。

転勤の際に必要となる手続は以下の通りです。

また、単なる出張や一時的な駐在は転勤に該当しません。

① **提出書類**

「雇用保険被保険者転勤届」

② **提出期日**

事実のあった日の翌日から起算して10日以内

③ **提出先**

転勤後の事業所の所在地を管轄する公共職業安定所

第 3 章 高年齢者雇用のトラブルと対策

④ **持参するもの**

　転勤前事業所に対し、すでに交付されている「雇用保険被保険者資格喪失届」

　なお、本手続は電子申請も可能です。

CASE 3-4 定年後再雇用時の社会保険同日得喪（社会保険料の減額）に関するトラブル

➡第2章 3 高年齢者雇用における労働・社会保険の適用等 参照

トラブル概要

定年後再雇用者は、勤務日数、労働時間等の労働条件が変更され、給料がかなり下がる予定となっている。そのため、降給による社会保険の随時改定の準備をすることになった。ただし、通常の昇・降給による随時改定では4カ月後に標準報酬が改定されるため、その間は高い保険料を払わなければならないとの説明を本人に行った。しかし、本人から、60歳以上の退職後継続再雇用の場合には、4カ月待たずにすぐに改定できる「特例」があるはずなので、その手続を検討してほしいと依頼された。事務担当者がその「特例」を知らなかったためトラブルとなった。

これから定年後再雇用者が毎年のように出てくるため、保険料等本人にとっても有利な方法を考えてほしい旨、本人から強く要望があった。

トラブルへの対応

定年後再雇用者が初めて出たため、社会保険の60歳以上の「特例」手続については、事務担当者がよく知らない状況だった。

年金事務所にこの件について確認したところ、就業規則の定年条文の写しなど添付書類等を準備する必要があるが、「特例」手続は可能ということがわかり、手続を行うことにした。今後もこのようなケースが生じる可能性があるため、定年後再雇用者の手続マニュアルを作成することにし、本人にもその旨を説明した。

「特例」手続については、添付書類等を用意し、至急行うことで本人にも了解してもらった。

今後の対策等

・社会保険の「同日得喪の特例」について把握し、今後同様のケースが生じる際に備え手続マニュアルを作成した。

・定年後すぐに再雇用される者が大部分のため、「同日得喪の特例」に関して、保険料の変更、年金との関係などの事前説明を行うことにした。

トラブル解決のための留意点等

（1）60歳以上退職後継続再雇用の社会保険の手続

① 社会保険同日得喪の特例

　健康保険・厚生年金保険に加入している者が退職後1日の空白もなく同じ会社に再雇用された場合、使用関係は存続し、健康保険・厚生年金保険の被保険者資格も継続します。

　ただし、60歳以上の者が退職後1日の空白もなく継続して再雇用（退職後継続再雇用）される場合は、事業主との使用関係が一旦中断したものとして、「資格喪失届」「資格取得届」を同時に提出することができます。これによって、再雇用された月から再雇用後の給与に応じた額に変更され、在職老齢年金を受けている場合は、支給停止額が変更されます（平成25.1.25保発0125第1・年発0125第1・年管管発0125第1）。

② 添付書類（退職後継続再雇用の届出）

　社会保険同日得喪の特例の手続を行う際には、下記アとイの両方、またはウを提出する必要があります。

　なお、健康保険組合、厚生年金基金の加入事業所では、それぞれの保険者に手続が必要です。

　ア．就業規則、退職辞令の写し（退職日の確認ができるものに限ります）

　イ．雇用契約書の写し（継続して再雇用されたことがわかるものに限ります）

ウ．「退職日」および「再雇用された日」が記載された継続再雇用に関
する事業主の証明書

　電子申請により提出する場合、画像ファイルによる添付データとして
提出することができます。

参考：日本年金機構「60歳以上の方を、退職後1日の間もなく再雇用したとき」 ページID：
　　　150020010-898-227-894　更新日：2024年7月24日

（2）被保険者資格の特例扱いの効果

　退職後再雇用された場合は、給料が下がることがよくみられます。給料が
変動した場合は、報酬月額変更届（随時改定）により標準報酬月額が改定さ
れますが、改定後の標準報酬月額は、給料が下がった月の4カ月目から適用
されます。

　しかし、資格喪失届と資格取得届を同時に提出することにより、給料が下
がった月から標準報酬月額が変わることになり、再雇用された月から再雇用
後の給与に応じた標準報酬月額に改定されます。したがって、4カ月待たず
に標準報酬月額が改定され、それに基づき下がった社会保険料で計算される
ことになります。対象となる労働者には事前に説明を行い、理解を得た上で
手続を行うようにして下さい。

　なお、本手続を行うことで労働者のみならず事業主（会社）も社会保険料
の費用負担が軽減されることになるため、使用を検討すべきと考えます。

実務のポイント

同日得喪の特例を使用しない場合の随時改定（月額変更届）

　毎年1回の定時決定により決定された各自の標準報酬月額は、原
則として1年間使用されますが、昇給や降給等により、報酬の額に
大幅な変動があったときは、実際に受ける報酬と標準報酬月額との
間に隔たりがないよう、次回の定時決定を待たずに報酬月額の変更
を行います。これを「随時改定」といい、その届出を「月額変更

届」といいます（健康保険法第43条、厚生年金保険法第23条）。

定年後の再雇用時に「同日得喪の特例」の手続を知らず、通常の随時改定で処理する企業がまだ多くみられます。随時改定で処理した場合には、新たな標準報酬月額は、変動が発生した月から4カ月目以降の保険料に適用されます。

| CASE 3-5 | 高年齢者の勤務時間変更による社会保険適用のトラブル |

➡第2章　**3　高年齢者雇用における労働・社会保険の適用等**　参照

トラブル概要

　定年後再雇用の者が、正社員（月給者）から6カ月契約のパートタイム労働者（時給者）に変わり、勤務時間の短縮等により、社会保険の資格を喪失することになってしまった。それに伴い、配偶者（妻）も健康保険被保険者および国民年金第3号被保険者に該当しなくなり、そのため、夫婦で国民健康保険に新たに加入し、妻はまだ50代のため国民年金にも加入することになった。「なぜ、事前に教えてくれなかったのか。」と本人からクレームがきてトラブルとなった。次回の契約更新の際には、今までどおり社会保険に加入し、妻も被扶養者の認定を受け、国民年金第3号被保険者になるように勤務時間等を調整してほしいと申出があった。

トラブルへの対応

　会社も状況を確認し、社会保険関係の説明を十分に行わなかったことに対し、本人に謝罪した。今回は、本人も了承し、新しい勤務時間で再雇用契約を結び、すでに働き始めているため、このままの契約で働くことになったが、6カ月後の次回契約については、勤務時間、勤務日数等の労働条件を見直し、社会保険の適用基準を満たすようにすることで合意した。その旨本人も了解し、早めに雇用契約書を準備することにした。

今後の対策等

・勤務時間の短縮等、労働条件の変更を行う際は、社会保険の適用状況に変更がないか確認を行うこととした。また、労働条件の変更に伴い、労働・社会保険関係が変更となる場合には、本人に納得してもらえるように、事

前に十分説明することとした。

・社会保険の加入年齢が保険の種類によって異なること、「4分の3基準」等を理解し、労働者の年齢、勤務状況に応じた対応を行うこととした。また、労働者本人のみならず、配偶者の年齢・状況についても把握することとした。

トラブル解決のための留意点等

(1) 社会保険の被保険者になる者

適用事業所に使用される者で要件を満たした者は、本人の意思や、国籍、報酬の多寡、年金の受給の有無にかかわらず、健康保険・厚生年金保険の被保険者となります（健康保険法第3条、厚生年金保険法第9条）。

ただし、70歳以上の者は、適用事業所に使用されていても厚生年金保険の被保険者とはならず、健康保険のみの適用を受けることになります。厚生年金保険の被保険者とはなりませんが、70歳以上の厚生年金保険の算定基礎届・月額変更届・賞与支払届等の届出は一般の被保険者と同様必要です。

75歳からは、健康保険の被保険者とならず、後期高齢者医療の被保険者となります。

なお、適用事業所に使用されていても、日々雇い入れられる者や臨時に2カ月以内の短期間に使用される者等は、一般被保険者から除外されます（健康保険法第3条、厚生年金保険法第12条）。

(2) 短時間労働者等の4分の3基準

短時間労働者等であっても、事業所と常用的使用関係にある場合には被保険者となります。常用的使用関係にあるかどうかは、労働日数、労働時間、就労形態、勤務内容等から総合的に判断します。

「1週間の所定労働時間」および「1カ月の所定労働日数」が、同一の事業所に使用される通常の労働者の所定労働時間および所定労働日数の4分の3以上（「**4分の3基準**」といいます。）である短時間労働者については、厚生年金保険・健康保険の被保険者となります。

なお、被扶養者がある者は「健康保険被扶養者（異動）届」を提出します。

　また、国民年金の第３号被保険者に該当する者（被扶養配偶者）がいる場合は、健康保険被扶養者（異動）届と「国民年金第３号被保険者関係届」も併せて提出します。

実務のポイント

（1）国民年金第３号被保険者の届出

　65歳未満の厚生年金被保険者の被扶養配偶者で20歳以上60歳未満の者は、国民年金の第３号被保険者として年金制度に加入します。第３号被保険者自身が保険料を支払うことはありませんが、厚生年金保険全体で負担するため、第３号被保険者としての届出はしておかなければなりません。

　国民年金の第３号被保険者に関する届出は、その配偶者（第２号被保険者）の勤務する事業所を経由して事務センター（年金事務所）に提出することになります。

（2）第３号被保険者未届期間の特例届出

　第３号被保険者該当の届出が遅れた場合は、原則２年間はさかのぼることができます。また、2005（平成17）年３月以前の未届期間は届出をすれば保険料納付済期間となります。2005（平成17）年４月以降の未届期間はやむを得ない事由があると認められるときは保険料納付済期間に算入されます。

参考：日本年金機構「適用事業所と被保険者」　ページID：150020010-706-078-936　更新日：2024年10月10日

第3章　高年齢者雇用のトラブルと対策

> **CASE 3-6　複数の雇用関係に基づく社会保険加入申請のトラブル**

➡第2章　**3　高年齢者雇用における労働・社会保険の適用等**　参照

トラブル概要

　複数の事業所に勤務する者から、労働時間を合算すると週に30時間になるので、労働時間が長いこの会社で社会保険に加入させてほしいとの要望があった。

　この会社で加入させる義務はないと拒否すると、年金事務所で確認したら週30時間働く場合には、嘱託やパートタイム労働者でも加入が可能との回答を得たとのことでトラブルとなった。

トラブルへの対応

　会社の担当者が年金事務所に確認したところ「1週間の所定労働時間および1カ月の所定労働日数が、同一の事業所に使用される通常の労働者の所定労働時間および所定労働日数の4分の3以上（「**4分の3基準**」といいます。）である短時間労働者については、厚生年金保険・健康保険の被保険者となります。」との回答だった。

　また、「被保険者資格の取得要件を満たすか否かについては、各事業所単位で判断を行うこととしており、2カ所以上の事業所における月額賃金や労働時間等を合算することはしない。」とのことだった。

　「同一事業所」に使用されること、「所定労働時間の4分の3以上働くこと」等の要件に該当しないので社会保険に加入することはできない旨本人に説明して納得してもらった。

今後の対策等

・複数事業所で就労する者の社会保険適用要件について、適用要件は事業所

139

ごとの判断となり月額賃金や労働時間は合算しないことを理解した。この点、労働時間を合算する雇用保険のマルチジョブホルダー制度と混同しないよう、社内マニュアルに注意書きを行った。

・社会保険の適用拡大が図られ、2024（令和6）年10月からは51人以上規模の企業も適用対象となったため、週20時間以上働く短時間労働者の社会保険加入もれがないか確認することとした。

トラブル解決のための留意点等

複数の事業所で勤務する者の社会保険適用要件

　社会保険の適用要件は事業所ごとに判断します。ここで、事業所というのは、工場、商店、事務所等事業が行われる一定の場所をいいます。例えば、ある会社の本社と工場がはなれて設置されている場合は、それぞれ別の事業所として扱われます。複数の雇用関係に基づき複数の事業所で勤務する者がいずれの事業所でも適用要件を満たさない場合、労働時間等を合算して適用要件を満たしたとしても雇用保険のマルチジョブホルダー制度の場合と異なり適用されません。

　実務上の留意点としては、同時に複数の事業所で就労している者がそれぞれの事業所で被保険者要件を満たす場合、被保険者はいずれかの事業所管轄の年金事務所を選択し、当該選択された年金事務所において各事業所の報酬月額を合算して算定し、保険料を決定することが必要となります。

　また、この場合に各事業主は、被保険者に支払う報酬の額により按分した保険料を、選択した年金事務所に納付（健康保険の場合は、選択した健康保険組合等に納付）することになります。

　そして、同時に2カ所以上の事業所で被保険者資格の取得要件を満たした場合、被保険者は、いずれか1つの事業所を選択し、その事業所を管轄する年金事務所および健康保険組合を選択する場合は健康保険組合へ「被保険者所属選択・二以上事業所勤務届」を提出する必要があるので注意してください。

第3章　高年齢者雇用のトラブルと対策

　なお、法改正によって短時間労働者の社会保険の適用要件が拡大され、短時間労働者の被用者保険の適用要件のうち、企業規模要件が「従業員501人以上」から、2022（令和4）年10月に「従業員101人以上」まで、2024（令和6）年10月に「従業員51人以上」まで、段階的に引き下げられました。

実務のポイント

（1）複数事業所で就労する者の社会保険適用要件

　社会保険（厚生年金保険・健康保険）では、適用される労働者について、4分の3基準がありますが、これについては、雇用保険マルチジョブホルダー制度のような合算する改正はなされていません。社会保険の適用要件は事業所ごとに判断するため、複数の雇用関係に基づき複数の事業所で勤務する者がいずれの事業所においても適用要件を満たさない場合、労働時間等を合算して適用要件を満たしたとしても適用されませんので注意することが必要です。

（2）2以上のそれぞれの事業所で社会保険適用要件を満たす場合

　同時に複数の事業所で就労している者が、それぞれの事業所で被保険者要件を満たす場合、被保険者は、いずれかの事業所の管轄の年金事務所または健康保険組合等を選択し、当該選択された年金事務所等において各事業所の報酬月額を合算した月額により標準報酬月額を算定し、保険料を決定します。

　そのうえで、各事業主は、被保険者に支払う報酬の額により按分した保険料を、選択した年金事務所に納付（健康保険の場合は、選択した医療保険者等に納付）することとなります。

　届出の結果、選択事業所を管轄する年金事務所等が事務を行います。なお、算定基礎届は、選択事業所を管轄する年金事務所から各事業所に送付されますので、記入後返送します。

　また、同時に2カ所以上の事業所で被保険者資格の加入要件を満たした場合、被保険者は、いずれか1つの事業所を主たる事業所と

141

して選択し、管轄する年金事務所等を決定し「被保険者所属選択・二以上事業所勤務届」を提出する必要があります（70歳以上の場合は「70歳以上被用者所属選択・二以上事業所勤務届」を提出）。

　なお、被保険者資格の取得要件を満たすか否かについては、各事業所単位で判断を行うこととしており、２カ所以上の事業所における月額賃金や労働時間等を合算することはしません。

参考：厚生労働省『副業・兼業の促進に関するガイドライン　わかりやすい解説』2022年10月
　　　日本年金機構「複数の事業所に雇用されるようになったときの手続き」
　　　　　　ページID：150020010-329-534-933　更新日：2024年12月6日
　　　　　　「70歳以上で複数の事業所に雇用されるようになったときの手続き」
　　　　　　ページID：150020010-194-986-362　更新日：2024年4月1日

第3章　高年齢者雇用のトラブルと対策

4　労働・社会保険給付に伴うトラブル防止実務

CASE 4-1　高年齢雇用継続基本給付金の手続に関するトラブル

➡第2章　**4　高年齢者雇用における労働・社会保険の給付等**　参照

トラブル概要

　57歳で契約社員として入社した者から、60歳でパートタイム労働者として再契約したが、給料が大幅に下がったので雇用保険の高年齢雇用継続基本給付金を受けたい旨の申出があった。

　当社では初めてのケースだったので、人事担当者が調べたところ、雇用保険の被保険者期間が5年以上ない場合は受給できないとのことだった。そして、受給できない旨本人に伝えた。しかし、本人が公共職業安定所に確認したところ、受給できると回答があったとクレームが入りトラブルとなった。担当者が期間の計算を間違えていた結果だった。

トラブルへの対応

　人事担当者が公共職業安定所に確認したところ、高年齢雇用継続基本給付金の受給資格である「被保険者期間が5年以上あること」とは、転職等した場合には条件により通算されることがわかった。前職から1年以内の転職であったこと、失業給付等を受けていないこと等を本人から確認し、受給できることがわかった。

　そのため、賃金台帳や雇用契約書等の必要書類を揃えて、受給資格の確認と支給申請の手続の準備を至急行うことを本人に説明し了解を得た。

今後の対策等

・転職者が「雇用保険の被保険者期間が5年以上あること」等の受給資格を

143

満たすか、複数名の人事担当者で確認を行うこととした。また、給付金の早見表で支給額を割り出し、定年後再雇用者が毎年でてくるのでリストを作成して管理することとした。

・2025年度から新たに60歳となる労働者に対し給付率が縮小され、労働者の収入の見込み額が減少することとなる。業務モチベーション維持のために、賃金設計の見直しを行うこととした。

トラブル解決のための留意点等

（1）被保険者であった期間の通算

　雇用保険の被保険者であった期間は、同一の事業主の適用事業に継続して雇用された期間のみならず、離職した日の翌日から再就職した日の前日までの期間が1年以内であれば通算できます。

　ただし、雇用保険（基本手当等や再就職手当等を含む）または特例一時金の支給を受けたことがある場合には、これらの給付の受給資格等に係る離職の日以前の被保険者であった期間は通算の対象となりませんので注意してください。

　また、雇用保険（基本手当等）を受給しないまま再就職していたとしても、離職した日の翌日から再就職した日の前日までの期間が1年を超える場合は、被保険者であった期間が通算されず受給できなくなります。

（2）高年齢雇用継続基本給付金

　高年齢雇用継続給付のうち、基本手当（再就職手当等基本手当を支給したとみなされる給付を含む。）を受給していない者を対象とする場合は、「高年齢雇用継続基本給付金」が対象となります。基本的には賃金が低下した被保険者に給付金が支給される制度ですが、以下の要件すべてを満たすことが必要です。

---

① 60歳以上65歳未満の一般被保険者であること。

② 被保険者であった期間が5年以上あること。

第 3 章　高年齢者雇用のトラブルと対策

③ 原則として60歳時点と比較して、60歳以後の賃金が60歳時点の75％
未満となっていること。

出典：厚生労働省・都道府県労働局・公共職業安定所『高年齢雇用継続給付の内容及び支給申請手
続について』（PL060801保02）2024年8月

　また、給付金の額は60歳以後の各月に支払われた賃金の原則15％です。
賃金の低下率によって15％を上限にして支給率も変動します。
　なお、法改正により、2025（令和7）年4月1日以降に60歳に達した日
（その日時点で被保険者であった期間が5年以上ない者はその期間が5年を
満たすこととなった日）を迎えた労働者の同給付の支給率は10％に縮小さ
れますので注意してください（雇用保険法等の一部を改正する法律（令和2
年法律第14号））。
　支給率が縮小されることに伴い、労働者にとっては収入の見込み額が減少
することとなり、業務へのモチベーション低下等が考えられるため、企業と
しては賃金設計の見直し等が必要となります。

実務のポイント

60歳時における賃金登録

　高年齢雇用継続基本給付金のための60歳到達時賃金登録につい
ては、2004（平成16）年1月の雇用保険法施行規則の改正により、
登録の義務はなくなりました。
　しかしながら、60歳到達後においても、高年齢雇用継続基本給
付金の支給要件に該当する場合や被保険者が転職等により支給要件
に該当する場合が増えています。
　このような場合には、60歳到達時点の事業主に対して、60歳時
点にさかのぼって賃金登録の手続を行うことが必要となります。被
保険者が60歳となった時点において、できるかぎり登録手続をす
ることが必要です。

145

また、60歳登録手続を事前に行っておくことで、

① 事前に受給資格の確認や賃金月額を把握できる

② 初回の支給申請に係る事務処理が円滑になされる

③ 支給申請漏れの防止をはかることができる

等のメリットがあります。

参考：厚生労働省「Q＆A～高年齢雇用継続給付～」
　　　https://www.mhlw.go.jp/stf/seisakunitsuite/bunya/0000158464.html

第3章　高年齢者雇用のトラブルと対策

> CASE 4-2　介護休業給付（対象家族への介護対応）拒否によるトラブル

➡第2章　**4　高年齢者雇用における労働・社会保険の給付等**　参照

トラブル概要

　定年後再雇用の社員の母親が要介護状態となったため、介護休業をとり、その間介護休業給付を受けたいと相談があった。実家の母親とは離れて暮らしていて、他に介護をできる家族がいないとのことだった。

　別居し、扶養の対象にもなっていない母親の介護休業は認められないと拒否したが、本人は納得せず、「介護休業はとれるはずだし、雇用保険の介護休業給付も受給できるはずだ。」と言ってトラブルとなった。そのため、後日、公共職業安定所等に確認して回答する旨を伝えた。

トラブルへの対応

　会社で介護休業と雇用保険の介護休業給付について、行政に確認をとった。

　まず、介護休業については、「親の場合は同居や扶養の条件はない」とのことで、介護休業は可能ということだった。

　また、雇用保険の介護休業給付については、雇用保険の被保険者が支給要件を満たした場合に受給対象となり、要件を満たすことが確認できたため、手続の準備に入ることにした。

　その旨を本人に説明し、両方とも手続を進めることで了解を得ることができた。

今後の対策等

・介護休業給付の支給対象となる介護休業、受給資格について、相談・申請があった都度、法改正の把握漏れによる判断誤りがないかも含め、慎重に

147

確認することとした。

・別規程として育児・介護休業規程を作成し、労働基準監督署に届出してあるが、法改正の都度内容の見直しをしていないため、かなり古い内容となっている。申請用紙も含め、育児・介護休業規程を全面的に見直すこととした。

トラブル解決のための留意点等

（1）雇用保険介護休業給付金の対象となる介護休業について

　高年齢労働者の介護休業給付の申請も増えてきました。

　介護休業給付金は、以下の①および②を満たす介護休業について、同一の対象家族について93日を限度に３回までに限り支給されます。

　なお、2017（平成29年）１月１日施行の雇用保険法施行規則の改正により、介護対象家族の同居・扶養要件がなくなりました。そのため、別居し、扶養の対象となっていない母親も介護休業の対象となります。また、この法改正により、同居・扶養していない祖父母、兄弟姉妹および孫も追加され、介護休業等の対象家族の範囲の拡大が行われています。

---

① 負傷、疾病または身体上もしくは精神上の障害により、２週間以上^{（※1）}にわたり常時介護（歩行、排せつ、食事等の日常生活に必要な便宜を供与すること。）を必要とする状態にある家族^{（※2）}を、介護するための休業であること。

※１　ここでいう「２週間以上」とは、対象介護休業の期間ではなく、対象家族が常時介護を必要とする期間です。

※２　被保険者の、配偶者（事実上の婚姻関係と同様の状況の者を含む。）、父母（養父母を含む。）、子（養子を含む。）、配偶者の父母（養父母を含む。）、被保険者の祖父母、兄弟姉妹、孫

② 被保険者が、その期間の初日および末日とする日を明らかにして事業主に申出を行い、これによって被保険者が実際に取得した休業であること。

第3章　高年齢者雇用のトラブルと対策

(2) 雇用保険介護休業給付金の受給資格

① 家族を介護するために、「介護休業」を取得した被保険者[※]であること。

　※　被保険者とは、一般被保険者および高年齢被保険者（65歳以上の被保険者）をいいます。なお、短期雇用特例被保険者等は対象とはなりませんので注意が必要です。以下、同じです。

　ア．ここでいう「介護休業」とは、職場復帰を前提に取得するものをいい、休業取得時に退職が確定（予定）している休業は支給の対象となりません。

　イ．有期の再雇用者、パートタイム労働者等期間雇用者も支給対象となります。

② 介護休業を開始した日の前2年間に、賃金支払基礎日数が11日以上ある完全月[※]が通算して12カ月以上（なお、介護休業を開始した日の前2年間に、賃金支払基礎日数が11日以上必要。12カ月ない場合は、完全月で賃金の支払の基礎となった時間数が80時間以上の月を1カ月として取扱うこととする）あること。

　※　過去に基本手当の受給資格や高年齢受給資格の決定を受けたことのある者については、基本手当の受給資格決定や高年齢受給資格決定を受けた後のものに限ります。

実務のポイント

(1)「2週間以上の常時介護が必要な状態」とは

　　介護休業の期間は2週間以上である必要はありません。

　　ここでいう「2週間」とは、介護休業の対象となる期間ではなく、あくまでも対象家族が常時介護を必要とする期間をいうものであり、その期間中には病院等への入院や他の介護者による介護が行われ、被保険者本人が介護休業を取得する必要がない可能性もあります。

149

このため、例えば10日間だけ介護休業を取得し、介護休業給付を受給することも可能です。

（2）期間雇用者の受給資格

期間雇用者（期間を定めて雇用される者）の場合は、トラブル解決のための留意点等の(1)①および②に加え、休業開始時において、次の要件に該当することが必要です。

「介護休業開始予定日から起算して93日を経過する日から6カ月を経過する日までに、その労働契約（労働契約が更新される場合にあっては、更新後のもの）が満了することが明らかでないこと。」が必要です。「引き続き雇用された期間が1年以上である者」との要件は2022（令和4）年4月1日以降廃止されています。

なお、介護休業を開始する時点で、介護休業終了後に離職することが予定されている場合は、支給の対象となりませんので注意してください。

COLUMN

介護休業給付の再受給

同じ対象家族について、93日分介護休業給付金を受給し、さらに、同じ対象家族について、要介護状態が変わったため再び介護休業を取得した場合、再度93日を限度に3回まで支給を受けることはできないので注意してください。同じ対象家族については、要介護状態が変わった場合であっても、再度介護休業給付金の支給を受けることはできません。

参考：厚生労働省「Q&A ～介護休業給付～」
　　　https://www.mhlw.go.jp/stf/seisakunitsuite/bunya/0000158665.html

厚生労働省・都道府県労働局・公共職業安定所『介護休業給付の内容及び支給申請手続につ
いて』（PL060801保03）2024年8月

| CASE 4-3 | 副業時の事業場間移動で労災事故にあったことによる
トラブル |

➡第2章　　4　高年齢者雇用における労働・社会保険の給付等　参照

トラブル概要

　自社から副業先への移動する際に、急いでいたため、駅の階段から足をすべらせて落下し、負傷した定年後再雇用の社員がいる。後日、当該社員から通勤災害の申請がなされた。通常の通勤経路とは異なるため、自社では通勤災害としては手続を行えない旨を本人に伝え、拒否したところ、トラブルとなった。通勤の途中なので会社の労働保険番号で処理してほしいとのことだった。しばらく通院し、その間休業するので労災の休業補償も受けたいと本人は考えているが、副業先の会社には言えないため、社員として勤めているこちらの会社で処理してほしいとのことだった。

トラブルへの対応

　副業について就業規則を改定して原則として認めることにした時点で、労働・社会保険関係で問題となりそうな点について人事で確認していたが、副業時の通勤災害については想定していなかった。

　会社で行政等に確認したことを、本人を呼んで説明した。当社から副業を行っている他の就業先への移動の際に起こった災害については、「通勤災害」として労災保険の給付対象となること、また、手続については、副業先の保険を使用して副業先の会社が手続を行うこと、複数事業労働者が被災し休業するときは、非災害発生事業場についても平均賃金算定内訳（様式第16号の6・別紙1）を提出する必要があること、日額を計算する際に不利にならないこと等説明して納得してもらった。

152

第3章　高年齢者雇用のトラブルと対策

今後の対策等

・副業時の事業場間移動での通勤災害について、労災保険法の改正により、
自社、副業・兼業先の両方で雇用されている場合は下記の2点に留意すべ
きことを理解し、社内マニュアルへの反映を行った。

①全就業先の賃金を合算した額に基づいて、労災保険給付額が計算される
こと。

②事業場間を移動する際に起こった通勤災害は、「終点の事業場」の保険
関係で処理する。その際、自社の保険を使わない場合も、一部手続を行う
必要があること。

トラブル解決のための留意点等

副業に関わる事業場間移動の労災認定

　副業等での労災事故申請が増えています。特に、事業場間移動の際の通勤
災害が多くなっています。

　「労災認定」に関して、複数就業先での業務上の負荷を総合評価して、疾
病等との因果関係を判断する改正が行われています。複数就業者に関し、そ
れぞれの事業における業務上の負荷のみでは業務と疾病の間に因果関係が認
められない場合について、全事業場の業務上の負荷を総合的に評価すること
になりました。

　また、通勤災害についても、通勤は労務提供と密接な関連を持った行為で
あり業務災害に準じて保護すべきものであるため、複数就業先の賃金をすべ
て合算した上で給付額を算定することとされ、労働者に不利にならないよう
給付基礎日額が決定されることになりました。

　なお、申請手続に関しては、既存の業務災害にかかる請求書に副業・兼業
の有無等の記載事項を追加する見直しを行い、複数業務を要因とする災害か
否かの区別なく同一の請求書を使用することになっています。

　ただし、複数就業者に対しては、複数就業先の情報を把握する必要がある
ため、請求書に加えて複数就業先の情報を把握する書類の提出を求めること

153

になります。この手続書類の変更については、2020（令和2）年から新様式に切り替えられていますので注意してください。

実務のポイント

（1）複数就業者の労災保険適用について

　労災保険制度は、①労働者の就業形態にかかわらず、②事故が発生した事業主の災害補償責任を担保するものです。このため、副業・兼業をする者にも労災保険は当然適用されます。

　また、副業・兼業をする者への労災保険給付額については、法改正により全就業先の賃金を算定基礎とすることとなりました。

　なお、複数事業労働者が被災したときは、非災害発生事業場についても平均賃金算定内訳（様式第8号・別紙1）を提出する必要がありますので注意してください。

（2）複数就業者の事業場間の移動について

　労働者が、自社、副業・兼業先の両方で雇用されている場合、一の就業先から他の就業先への移動時に起こった災害については、通勤災害として労災保険給付の対象となります。

　また、事業場間の移動は、当該移動の終点たる事業場において労務の提供を行うために行われる通勤であると考えられ、当該移動の間に起こった災害に関する保険関係の処理については、終点たる事業場の保険関係で行うものとしています（平成18.3.31基発0331042）。

　なお、請求用紙（様式第16号の3）の「通勤災害に関する事項」中の「災害時の通勤の種別」欄には、「就業の場所から他の就業の場所への移動」に該当する記号を必ず記入することが必要です。

参考：厚生労働省『副業・兼業の促進に関するガイドライン　わかりやすい解説』2022年10月
　　　厚生労働省・都道府県労働局・労働基準監督署『複数事業労働者への労災保険給付　わかりやすい解説』2020年9月

第3章 高年齢者雇用のトラブルと対策

5 　高年齢者雇用の健康管理等のトラブル防止実務

CASE 5-1 　定期健康診断の確実な実施（嘱託、パート等短時間就
労者への実施）に関するトラブル

➡第2章 　5 　高年齢者雇用に関する健康管理等 　参照

トラブル概要

　毎年、一般社員同様、嘱託者、パートタイマーについても、定期的に健康
診断を行っている。ところが、今年は、嘱託者一人がこれを拒否してきた。

　高年齢の嘱託者のため、健康状態を把握・管理する意味でもぜひ受診させ
たいが、説得しても応じない状態で、受診する、受診しないでトラブルとな
った。

トラブルへの対応

　本人の意思で「受けたくない」という申出があっても、会社としては法律
上の義務があり、健康診断を実施することが必要だと説得した。また、労働
者には健康診断を受診する義務があるので、原則として会社が実施する健康
診断を受けることが必要となることも伝えた。ただし、労働者が主治医など
会社指定外の医療機関で健康診断を受け、その結果を事業者に提出すること
は認められている旨も説明した。

　本人は、会社が指定していた医師が行う健康診断を受けたくないとのこと
で、主治医が行う健康診断を受け、その結果を証明する書面を会社に提出す
ることで了解した。

今後の対策等

・「定期健康診断は、事業者には実施の義務が、従業員には受診する義務が
　定められている」旨のわかりやすい資料を対象者へ配布し、受診を促すこ

155

ととした。

・勤務時間が正社員の4分の3未満と短く、法令上は健康診断の実施を義務づけられていないが健康上のリスクを抱えやすい高年齢労働者について、「希望者は会社が行う健康診断の受診を可とし、費用の一部負担を行う」等の措置をとるか、検討を行うこととした。

トラブル解決のための留意点等

（1）事業者の健康診断等の責務

　事業者というのは、事業を行う者で、労働者を使用する者をいいます。事業者は、社員だけではなく、嘱託やパートタイマーにも健康診断を実施する義務があります（安衛法第66条）。健康診断には、雇い入れたときとその後定期に実施する健康診断の他、一定の有害な業務に従事する労働者を対象に実施する特殊健康診断等があります。

　また、健康診断が終わった後は、診断結果を記録・保存するとともに、各労働者にも通知することが必要です（安衛法第66条の6）。

　さらに、健康診断によって異常の所見がみられた労働者については、医師等による保健指導を受けさせたり、必要に応じて作業の軽減や労働時間の短縮等の事後措置を講ずる必要があります（安衛法第66条の7）。

（2）健康診断を実施しなければならない「常時使用する」労働者

　事業者は、「常時使用する」労働者について、健康診断を実施しなければならないとされています。この「常時使用する」労働者とは、次の①、②のいずれの要件も満たす労働者をいいます（平成19.10.1 基発1001016・職発1001002・能発1001001・雇児発1001002　記　第3　10(4)ト）。

---

① 次のいずれかに該当し、1年以上雇用されることが予定されている労働者
　ア．期間の定めのない労働契約により使用される者
　イ．期間の定めがある場合（有期労働契約）で、1年以上の期間とす

第3章　高年齢者雇用のトラブルと対策

る場合、または1年未満の契約でも更新された結果1年以上使用されることとなった者

② 週の労働時間数がその事業場で同種の業務に従事する通常の労働者の週の所定労働時間の4分の3以上である労働者

なお、②の要件については、4分の3未満でも、1年以上雇用されることが予定されていて、週の所定労働時間が通常の労働者の概ね2分の1以上であれば、健康診断を実施することが望ましいとされています。特に、高年齢労働者の場合は実施すべきと考えます。

実務のポイント

企業が行う定期健康診断の代替

　健康診断は、安衛法により、「事業者は、労働者に対し、厚生労働省令で定めるところにより、医師による健康診断を行わなければならない。」と規定され（安衛法第66条）、「事業者は、常時使用する労働者に対し、1年以内ごとに1回、定期に、」定められた「項目について医師による健康診断を行わなければならない。」と事業主に定期に医師による健康診断の実施を義務づけています（安衛則第44条）。

　また、労働者にも安衛法の規定により、健康診断を受けることが義務づけられていますが、種々の事情から事業者指定の医師の健康診断を受けない者もでてきます。

　そこで、安衛法では、労働者が事業者の指定した医師・歯科医師の行う健康診断を受けることを希望しない場合は、他の医師・歯科医師から健康診断に相当する診断を受け、その結果を証明する書面を事業者に提出することを規定しています（安衛法第66条第5項）。

157

> **CASE 5-2** 高年齢者の健康診断と就業上の適切な措置に関するトラブル

➡第2章　 5 　高年齢者雇用に関する健康管理等 　参照

トラブル概要

　定年後の再雇用者が、健康診断の結果、異常所見が見つかり、精密検査を受診し、労働時間の短縮を行うことになった。

　健康診断によって異常の所見がみられた場合については、医師等による保健指導を受けさせたり、必要に応じて作業の軽減や労働時間の短縮等の事後措置を必ず講ずる必要があることを本人に説明したところ、従来どおり働きたいと拒否されトラブルとなった。

トラブルへの対応

　事業者は、異常所見がみられる労働者について、通常勤務でよいか否か、就業制限を加える必要があるか否か、あるいは休業させる必要があるか否か等につき、医師等の判断を求める必要があること、必要がある場合には、「就業場所の変更、労働時間の短縮等」の就業上の適切な措置をとることが義務づけられていることを説明し、労働時間の短縮に応じてもらうことになった。

　なお、今回は労働時間の短縮で様子をみることにしたが、状況によっては休職等についても検討する旨を本人に伝えた。

今後の対策等

・健康診断実施後の措置について、異常の所見がみられた労働者に対し、より丁寧な説明を心がけるようにした。
・「定期健康診断結果報告書」の手続が2025年1月から原則電子申請が義務づけられているため、電子申請に変更するか検討することとした。また、

その他の労働安全衛生関係の手続についても、電子申請義務化の対象となった手続に該当するものがないか、確認することとした。

トラブル解決のための留意点等

医師等からの意見聴取と就業上の措置

事業者は健康診断の結果に基づき、健診項目に異常所見があると診断された労働者について、医師・歯科医師（以下「医師等」といいます。）から意見を聴取することが必要です。

また、事業者は医師等からの意見聴取の結果、必要があると認めるときは「就業場所の変更、作業の転換、労働時間の短縮、深夜業の回数の減少等の措置を講ずるほか、作業環境測定の実施、施設又は設備の設置又は整備、当該医師又は歯科医師の意見の衛生委員会若しくは安全衛生委員会又は労働時間等設定改善委員会への報告その他の適切な措置」を講じなければなりません（安衛法第66条の5）。

さらに、就業措置を決定する場合には、あらかじめ、労働者の意見を聴き、労働者の了解を得られるよう努めるべきものとしています。

なお、産業医の選任義務のある事業場では、産業医同席の下に労働者に意見を聴くことが適当であるとしています（平成8.10.1健康診断結果措置指針公示第1、最終改正平成29.4.14同指針公示第9）。

実務のポイント

健康診断実施後に事業者が講ずべき措置

健康診断の結果を受けて、事業者が取るべき具体的な取り組みは次のとおりとなります。

（1）健康診断の結果の記録（安衛法第66条の3）

健康診断の結果は記録しておくことが必要です。

また、一般健康診断の場合、健康診断個人票を作成し、5年間保存することが義務づけられています。

なお、事業者が健康診断個人票の作成・保存義務を怠ったときは処罰されるので注意してください。

（2）労働基準監督署長への報告（安衛則第52条）

　常時50人以上の労働者を使用する事業者が、定期健康診断、特定業務従事者の健康診断を行ったときは、遅滞なく定期健康診断結果報告書（様式第6号）を所轄労働基準監督署長に提出することが必要です。

　なお、2022（令和4）年10月1日以降に歯科健康診断を実施した事業者は、労働者数にかかわらず、遅滞なく、有害な業務に係る歯科健康診断結果報告書（様式第6号の2）により健康診断の結果を、所轄労働基準監督署長に提出することが必要です。（安衛則第52条第2項）

　また、2025（令和7）年1月1日より、定期健康診断結果報告書（様式第6号）、有害な業務に係る歯科健康診断結果報告書（様式第6号の2）の手続については、電子申請が原則として義務化されていますので注意してください。

（3）医師等からの意見聴取（安衛法第66条の4、安衛則第51条の2）

　健康診断の結果、異常の所見があると診断された労働者の健康を保持するために必要な措置について、原則として健康診断を行った日から3カ月以内に、医師等の意見を聴き、これを健康診断個人票へ記載することが必要です。

（4）健康診断実施後の措置（安衛法第66条の5）

　健康診断の有所見者について、医師等の意見を勘案し、必要に応じて、作業の転換、労働時間の短縮等の「就業上の措置」を講ずることが必要です。

■就業上の措置

- ・就業場所の変更
- ・作業の転換
- ・労働時間の短縮
- ・深夜業の回数の減少等
- ・作業環境測定の実施

- ・施設、設備の設置または整備
- ・医師等による意見の
  衛生委員会、安全衛生委員会等
  への報告
- ・その他の適切な措置

（5）健康診断の結果の労働者への通知（安衛法第66条の6）

健康診断の受診者全員に、所見の有無にかかわらず健康診断の結果を文書で通知することが必要です。

（6）健康診断の結果に基づく保健指導（安衛法第66条の7）

健康診断の有所見者に対して、医師等による生活改善、運動等の保健指導を行うとともに、労働者自身も保健指導を利用してその健康の保持に自ら努めるように、労働者に働きかけることが必要です。

COLUMN

海外派遣労働者に対する健康診断

高年齢者で技術指導等のため海外勤務する者が増えています。

海外において疾病の憎悪や新たな疾病の発症があると、職場環境、日常生活環境、医療事情等が国内と異なる面も多いため、医療をはじめとしてさまざまな負担が労働者にかかることも考えられます。

また、海外勤務を終了した労働者を国内勤務に就かせる場合に、就業上の配慮を行うことも必要です。このため、事業者は、海外に

6月以上派遣される労働者および6月以上の海外勤務を終了し国内業務に従事させる労働者に対しては、定期健康診断の項目および医師が必要と認める項目の健康診断を行わなければならないこととされています（安衛則第45条の2）。

参考：厚生労働省・都道府県労働局・労働基準監督署『労働安全衛生法に基づく健康診断実施後の措置について』2010年2月
「健康診断結果に基づき事業者が講ずべき措置に関する指針」（平成8.10.1健康診断結果措置指針公示第1、最終改正平成29.4.14同指針公示第9）

第3章　高年齢者雇用のトラブルと対策

CASE 5-3 高年齢労働者のメンタルヘルス対応と休職に関するトラブル

➡第2章　**5　高年齢者雇用に関する健康管理等**　参照

トラブル概要

　職場の人間関係や配置等がストレス要因となり、勤怠（欠勤等）の悪化、業務中の能率低下等、高年齢労働者がメンタル不調者となった。会社は休職を検討していたが、本人に病気という認識がなく、休職を拒否している。このまま放置していると症状がどんどん悪化し、重症化する旨の医師の意見を説明し、説得に当たったが、休職を受け入れずトラブルとなった。

トラブルへの対応

　メンタル不調が疑われる高年齢者については、会社として把握している事例を基に面談を行い、改善を検討していくことにした。本人に現状を把握してもらうことを中心に話し合いを行い、本人の希望も確認した。

　次に、会社としてはまず、高年齢者に専門家のカウンセリングや専門医による診断と治療を受けることを勧めることにした。専門医の診察の結果、うつ病と診断されたため、家族からの説得もあり休職をすることになった。本人も納得して休職を行うことになり、治療に専念することになった。

　また、休職中に医師との面談を行うことについても了解を得た。

今後の対策等

・メンタルヘルス不調による休職者への対応について、休職制度の整備、休職中の状況確認の方法・頻度、復職の判断等業務フローの再確認を行った。

・メンタルヘルスに関する社内相談窓口が有効に機能するよう相談対応を行う人員体制を整え、相談の申込方法等を対面に限らずメール等の方法でも

163

可とし、改めて社内周知を行った。

トラブル解決のための留意点等

（1）休職制度

休職制度は法律上の規制はなく、企業が労働協約、就業規則等において任意にその内容（要件、期間、賃金支払いの有無、勤続年数への算入等）について定めることができます。休職には、私傷病休職、事故欠勤休職、起訴休職、自己都合休職等があります。社員が私傷病で労務提供が困難となった場合は、就業規則の定めに従って私傷病休職を発令することとなります。

私傷病休職は通常、欠勤が就業規則等に定める一定期間（欠勤要件）に達した時点で発令されます。休職期間の長さは、労働者の勤続年数や傷病の種類によって定められるのが一般的です。休職理由がメンタル不調である場合は、業務災害（つまり労災）となる可能性もあるので注意して対応する必要があります。

（2）休職期間中の症状報告

会社として、休職事由が継続しているか否かを確認する必要があるため、定期的に労働者から病状の報告をしてもらうことが適切です。

どの程度の報告を義務づけるかについては、療養中の労働者への過度な負担とならない範囲で回復状況等を把握するという観点から、原則として、月1回程度とするケースが多いです。

また、休職者が健康保険の被保険者の場合には、業務外の病気やケガで会社を休み、その間に給与の支払いがないときは、一定の要件に該当すれば、通算して1年6カ月を限度に傷病手当金が受けられます（健康保険法第99条）。

休職期間中は、多くの者が傷病手当金を受給します。

（3）復職の判断

復職可能かどうかを判断するに当たっては、従前の職務を通常の程度に行える健康状態にあるか否かだけでなく、当初軽作業に従事させれば短期間で

通常業務に復帰できるような見込みがあるかどうか、また、従前の業務に復帰できない場合に他の業務に配置することが現実的に可能か、といった点も検討することが必要です。

　また、主治医の診断に疑問がある場合は、主治医の診断書をそのまま受け入れることなく、必要に応じて、会社・本人・専門医の面談等を設けて治療の状態を確認し、復職の可否を判断することが必要です。主治医と産業医の判断はいずれかを優先しなければならないというわけではなく、個々の事案に応じて判断することを検討すべきです。

実務のポイント

（1）メンタルヘルス問題とストレス対策

　　最近では、高年齢労働者も含めて身体的な疲労の他仕事上の精神的なストレスによってうつ病等の精神疾患を起こすケースも増えており、職場におけるメンタルヘルス対策が重要になっています。

　　仕事上のノルマや負荷、職場の人間関係や配置等ストレス要因となり得る事項に配慮しながら、相談窓口を設けたり、問題点や要望に関するアンケートやヒアリングの機会をつくること等も必要です。

（2）ストレスチェック制度

　　2014（平成26）年6月の安衛法改正により、2015（平成27）年12月からストレスチェック制度の実施が労働者数50人以上の事業場で義務づけられています（安衛法第66条の10）。使用者が労働者の健康状態（特に精神面も含めて）を把握し、メンタルヘルス不調に陥る前に対処する仕組みを創設することを目的とした制度です。

| CASE 5-4 | 高年齢者の健康管理の留意事項（深夜労働、長時間労働等への対応）に関するトラブル |

➡第2章 　5　高年齢者雇用に関する健康管理等　参照

トラブル概要

　深夜の時間帯に勤務する高年齢社員が、勤務中に血圧が急に上がり、気分が悪いということで、救急車を呼び、病院に入院することになった。以前より高血圧ということで治療を受けていたが、深夜勤務する者が急に退職したため、2週間続けて深夜のシフトで働いてもらっていた。今回の件で家族から会社に対して苦情がきて、いくら代わりがいないからといって高血圧症の者を深夜に勤務させるのは問題であり、昼間の勤務にすぐに変更してほしい旨の要望がありトラブルとなった。

トラブルへの対応

　重症にはならずに退院し、今後も働きたいとのことなので、すぐに昼間の勤務に移動してもらった。高年齢者の就業に関しては、通常の労働者以上に健康への配慮を行うことが必要であるため、今後は健康診断の結果や持病の有無、現在の健康状態等を確認した上で深夜勤務に就いてもらうことにした。また、高年齢労働者の場合は、シフトや労働時間の管理に十分注意し、必要があると認めるときには、医師による面接指導またはこれに準ずる措置を講じることにした。

今後の対策等

・高年齢労働者は健康リスクが高いため、深夜労働・長時間労働等が過度な負担となっていないか、定期的な状況確認を行うこととした。

・「エイジフレンドリーガイドライン」を参考とし、高年齢労働者が安全に働き続けられるよう施設・設備・装置等の改善点・要望がないか、本人た

166

ちにヒアリングを行うこととした。

トラブル解決のための留意点等

(1) 高年齢労働者の健康管理

　高年齢労働者については、健康診断（一般に定期健康診断という）を必ず実施し、その結果に基づき適正な健康管理を行うことが必要となります。

　また、深夜等の業務に従事している者等については、一定の周期ごとに特定業務従事者の健康診断を行うことが義務づけられているので注意が必要となります（安衛則第13条第1項第3号ヌ、第45条）。

　これらの健康診断の意味するところは、個人の健康状態を的確に把握し、その維持および必要な指導を行うことを通じ、欠勤等を防ぐとともに、安全な業務の確保を行うことです。

　特に、近年では、いわゆる生活習慣病にかかっている比率の増加や、ストレス等によるうつ病等心の病にかかっている者の増加があります。会社としても経営の根幹にも関わる重要な課題であり、労働者の健康管理に本格的、積極的に取り組むことが必要になってきています。

(2) 中高年齢者等についての配慮、健康教育等

　事業者は、中高年齢労働者その他労働災害の防止上その就業に当たって特に配慮を必要とする者については、これらの心身の条件に応じて適正な配置を行うよう努めることを求められています（安衛法第62条）。

　また、疾病の種類、内容等を勘案してできるだけ配置転換、作業時間短縮等の措置を行い、就業の機会を与えることに配慮することも必要です。

　さらに、高年齢労働者の運動機能等の低下が原因となる労働災害の増加、技術革新による職場環境の急激な変化に伴うストレス、職場不適応等心の健康問題等に対応するため、安衛法では事業者が、労働者に対する健康教育、健康相談、健康の保持増進等の措置を計画的、継続的に実施することを求めています（安衛法第69条）。

実務のポイント

（1）エイジフレンドリーガイドライン

　2020（令和２）年３月に策定された「エイジフレンドリーガイドライン」（正式名称：高年齢労働者の安全と健康確保のためのガイドライン）では、使用者に対し、①職場環境の改善、②高年齢者の健康や体力の把握、③これらに則した対応、教育に取り組むよう求めています。

　まず、「①職場環境の改善」として、高年齢者でも安全に働き続けることができるよう、施設、設備、装置等の改善を検討し、必要な対策を講じることが求められます。

　次に、高年齢者自身に着目し、過度な疲労を避けるために短時間勤務や隔日勤務、交替制等を取り入れたり、ゆとりを持った作業期限を設けたり、腰等に負担がかからない作業手順をマニュアル化したりすることが推奨されます。

　また、使用者と高年齢者が本人の体力を客観的に把握し、体力に見合った作業をさせること、このための体力チェックを継続的に行うことが求められます。

（2）エイジフレンドリー補助金

　エイジフレンドリー補助金は、高齢者を含む労働者が安心して安全に働くことができるよう、中小企業事業者による高年齢労働者の労働災害防止対策、労働者の転倒や腰痛を予防するための専門家による運動指導等、コラボヘルス等の労働者の健康保持増進のための取組に対して補助を行うものです。

　2024（令和６）年度には下記３つのコースがありました。こうした補助金の活用も検討すべきです。

①「高年齢労働者の労働災害防止対策コース」では、高年齢労

働者が安全に働けるよう、高年齢労働者にとって危険な場所や
負担の大きい作業を解消する取組等に対して、補助を行いま
す。

②「転倒防止や腰痛予防のためのスポーツ・運動指導コース」
では、労働者の身体機能低下による「転倒」や「腰痛」の行動
災害を防止するため、身体機能維持改善のための専門家等によ
る運動プログラムに基づいた身体機能のチェックおよび専門家
等による運動指導等に要する費用を補助対象とします。

③「コラボヘルスコース」では、コラボヘルス等の労働者の健
康保持増進のための取組に対して、補助を行います。

　なお、コラボヘルスとは、医療保険者と事業者が積極的に連携
し、明確な役割分担と良好な職場環境のもと、労働者の健康づくり
等を効果的・効率的に実行することです。

6	高年齢者雇用の就業規則、諸規程の整備ポイント

CASE 6-1 　高年齢者用就業規則等の作成に関するトラブル

➡第2章　| 6 | 高年齢者雇用における就業規則等の整備 |　参照

トラブル概要

　定年後の再雇用者から、「所定時間外労働については、上司から原則として行うことはないと言われたが、実際には、出勤のたびに時間外労働を行っている。嘱託として再雇用されるときに、給料等については、従来の月給制から時給制に変わること、今まで支給されていた手当の一部が支払われなくなること、賞与の計算方法が変わること等口頭で説明を受けたが、残業時間等については何も説明を受けなかった。」との主張があった。そのため、一部嘱託者から、労働条件が大幅に変わるため、嘱託者用の就業規則作成と労働条件通知書の交付を要求されトラブルとなった。

トラブルへの対応

　社内で検討した結果、定年退職した後の嘱託再雇用者は、労働条件が正社員と別に取扱われることが多く、嘱託者用の就業規則の作成が必要なこと、また、嘱託者によっても、勤務日が異なる場合があることや働く部門によっては時間外労働の有無に違いがあること等、個々の労働条件が異なる場合があり、労働条件の明確化をはかる上でも嘱託就業規則の作成と全員に労働条件通知書を書面で交付することにした。その旨嘱託者全員を集めて説明し、理解を得ることができた。

今後の対策等

・就業規則の未整備によるトラブル発生を防ぐため、嘱託就業規則の作成等

170

第3章　高年齢者雇用のトラブルと対策

を行うこととした。その際、通常の労働者の就業規則を準用する箇所は具体的な準用の仕方について明記することとした。

・社内で無期転換申込権を有する労働者が発生する前に無期転換労働者に適用する就業規則を作成することとした。

トラブル解決のための留意点等

（1）就業規則の適用範囲

就業規則は、原則としてその事業場のすべての労働者に適用されるものです。

事業場では、正社員の他にもパートタイム労働者（パート）、アルバイト、嘱託社員、契約社員等さまざまな労働者が働いていますが、就業規則はこれらすべての労働者に適用されます。

しかしながら、正社員、パート、アルバイト、嘱託社員、契約社員はそれぞれ異なる勤務形態、賃金体系の場合があることから、1つの就業規則をすべての労働者に一律に適用すること自体に無理が生じてしまいます。

そこで、就業規則は、それぞれの勤務形態、賃金体系等を考慮して、それぞれに適合した形で作成する必要があります。

なお、パート、アルバイト、嘱託社員、契約社員に対して独自の就業規則を作成する場合には、総則部分に当該就業規則が適用される労働者の範囲を明記しておくことが必要です。

（2）労働者代表の選出

就業規則を管轄の労働基準監督署に提出する際、就業規則について労働者の過半数を代表する者から意見を聴くことが必要です（労基法第90条）。

代表する者とは、職場に過半数で組織する労働組合があればその労働組合、労働組合がなければ、労働者の過半数を代表する者のことです。

労働者の代表者は、①就業規則の意見を聴くことを明らかにして実施され、②投票、挙手等の方法による手続により選出された者で、③使用者の意向に基づき選出されたものではない者です。労働者の代表者は管理監督者で

171

ない者から選ぶことが必要ですが（労基法施行規則第6条の2）、投票や挙手等の手続にはパート・アルバイト等も含まれますので注意してください。

（3）無期転換労働者に適用する就業規則作成

無期転換労働者の労働条件は、無期転換前に比べ調整が必要となります。無期転換労働者をどのように活用するかを検討した上で、制度設計を行い、適した労働条件を定めた就業規則を整備する必要があります。

また、無期転換後の労働条件を無期転換前の条件と同じとする場合であっても、無期転換労働者の労働条件の整備に当たっては、有期契約労働者に適用される就業規則とは別に、新しい就業規則を作成すべきです。

有期契約労働者の就業規則には、休職制度がなかったり、服務規律や解雇・懲戒等の規定が不十分だったりする場合が多いからです。

なお、この就業規則は、有期契約労働者に無期転換申込権が発生する前に制定しておく必要がありますので注意してください。

実務のポイント

（1）就業規則の未整備等

現状では、定年後再雇用者に適用される就業規則がない企業や通常の労働者の就業規則の全部または一部を高年齢労働者に準用している企業が多いですが、具体的な準用の仕方が不明確な場合が多くトラブルの原因となっています。

また、高年齢労働者に適用される就業規則が作成されている場合であっても、内容が均等・均衡待遇に配慮されていないケースも多くみられます。職務の内容（業務の内容と責任の程度）等の要件を通常の労働者と比較し、均等・均衡待遇の確保の推進を行うことが必要です。

特に、賃金（諸手当の種類、金額等含む）、賞与について、トラブルが多くなっています。

（2）高年齢労働者の意見聴取等

就業規則の作成または変更に当たっては、労基法第90条により、労働者の過半数で組織する労働組合（ない場合は労働者の過半数を代表する者）の意見を聴かなければならないこととされています。高年齢労働者の多くが該当するパートタイム労働者または有期雇用労働者に適用される就業規則の作成・変更に当たっては、パートタイム労働者または有期雇用労働者の意見が反映されることが望ましいとされています（厚生労働省『パートタイム・有期雇用労働法のあらまし（令和6年6月版)』2024年6月）。

また、作成した就業規則は、紙媒体の場合は就業規則の保管場所等を、電子媒体の場合はアクセスの方法等を、労働条件通知書等に記載する等の方法で労働者に示す等、労働者がいつでも見られるようにする必要があります（労基法第106条、労基法施行規則第52条の2）。

参考：東京労働局労働基準部監督課『明るい職場づくりのための就業規則作成の手引き』2015年3月

| CASE 6-2 | 無期転換ルール対応等に関するトラブル |

➡第2章　6 高年齢者雇用における就業規則等の整備 参照

トラブル概要

　定年後の再雇用を経て無期転換した者が、私傷病により2カ月程度欠勤することになった。無期転換に該当する者の就業規則はなく、休職については何も書いていない状況で、本人から休職期間はどれくらいとれるのか質問があった。休職については何も考えていなかったため、至急検討して回答する旨を本人に伝えた。

　また、休職についての手続や復職する場合についての手続についても何も決められていなかったため、無期転換した場合の休職について、早く決めてほしいとの要望がありトラブルとなった。

トラブルへの対応

　無期転換した者の私傷病休職については想定していなかったため、休職期間等について社内で検討することになった。

　従前と同様にフルタイムでの勤務であるため、正社員との均衡という点から考えて、同程度の休職期間を与えるべきという意見が多かった。

　正社員就業規則の休職期間6カ月に該当する旨を本人に伝え、無期転換者用の就業規則はまだ作成していないため、当面は正社員就業規則を準用することを伝えた。

　本人も了解し、休職の手続を進めることにした。

今後の対策等

・無期転換した労働者に適用する就業規則について、正社員就業規則の準用として問題ないか、見直すことにした。

第3章　高年齢者雇用のトラブルと対策

・正社員と無期転換労働者の待遇差について、契約締結・更新の際には十分
　な説明を行うこととした。

トラブル解決のための留意点等

（1）無期転換後の休職制度

　正社員との均衡という問題の他、会社としても、高年齢労働者で私傷病に
罹患した者をどのように取扱うかというルールを明確化し、手続を定めてお
くことが、混乱や紛争リスクを回避することにつながると考えられます。

　いわゆる「同一労働同一賃金ガイドライン」（平成30.12.28厚労告430）
では、病気休職について、「無期雇用パートタイム労働者には、無期雇用フ
ルタイム労働者と同一の付与をしなければならない。」旨が示されています。

　また、「有期雇用労働者にも、労働契約の残存期間を踏まえて、付与しな
ければならない。」ともされています。

**（2）待遇の均衡（有期労働契約の締結、更新、雇止め等に関する基準第5
　　条）**

　休職期間に限らず、正社員との待遇差については労働契約法第3条第2項
が規定する「労働契約は、労働者及び使用者が、就業の実態に応じて、均衡
を考慮しつつ締結し、又は変更すべきものとする。」との考え方は、すべて
の労働契約（無期転換者・有期契約労働者等の労働契約を含む）の労働契約
に適用されます。均衡を考慮した事項について、労働者の理解を深めるた
め、労働者に十分な説明をするよう努めることが必要です。

実務のポイント

有期労働契約更新時の労働条件変更等

　　有期労働契約の更新時に、所定労働日や始業終業時刻等の労働条
件の定期的変更が行われていた場合に、無期労働契約への転換後も
従前と同様に定期的にこれらの労働条件の変更を行うことができる
旨の別段の定めをすることは差し支えないと解されています（平成

175

24.8.10基発0810第2　記　第5　4(2)ク)。

　無期転換前に、定期的に労働条件の調整を行っていた場合、無期転換後もそのような取扱いを継続する制度とすることは可能です。

　また、服務規律・解雇・懲戒等に関する規定については、正社員就業規則をそのまま使う場合が多いようですが、服務規律・解雇事由等高年齢者特有の追加、見直し等があれば、規定の整備を行うことが必要となります。

COLUMN

無期転換後の就業規則

　無期転換ルールによって、契約期間は有期から無期に転換されますが、無期転換後の給与等の労働条件は、就業規則等で別段の定めがある部分を除き、直前の有期労働契約と同一の労働条件となります（労働契約法第18条）。したがって、無期労働契約に転換された労働者に対して、どのような労働条件を適用するかを検討した上で、別段の定めをする場合には、適用する就業規則にその旨を規定する必要があります。

参考：厚生労働省『2024年4月からの労働条件明示のルール変更史　備えは大丈夫ですか？』2024年9月

第3章　高年齢者雇用のトラブルと対策

7　雇用終了（雇止め・解雇等）に伴うトラブル防止実務

CASE 7-1　経営状況の悪化により、再雇用契約期間の途中で雇止めをしたことによるトラブル

➡第2章　7　高年齢者雇用の終了（雇止め、退職勧奨、解雇）　参照

トラブル概要

　定年後の再雇用で、1年更新の有期雇用で4年間働いていた労働者に対し、経営状況が悪化したため契約期間の途中で雇止めを行った。本人からは、事前に何の相談もなく、合意もとらずに会社が勝手に契約期間を短縮して解約したもので、これは雇止めではなく解雇だと主張され、補償を求められるトラブルとなった。

　契約であらかじめ契約期間を定めているので、契約期間中は契約関係が存続することが前提となっている。少なくとも契約期間中は雇用が保障されているはずだと本人は主張している。

トラブルへの対応

　本人の合意なく一方的に契約期間を短縮したことや会社の都合だけで雇止めという形で契約を終了させたことを会社としても申し訳ないと思っている。そのため、会社も今回の件については有期労働契約を更新しないで終了させた雇止めではなく、解雇であることを理解して対応することにした。

　本人は契約期間があと3カ月残っているので、その期間分を補償してくれるなら退職に応じてもよいとの回答をしてきた。会社の経営状況を十分理解した上での回答ということで、会社側も本人の要求どおりに支払うことで合意した。

177

今後の対策等

・「雇止め」と「解雇」の違いを理解し、特に雇止めに関しては、厚生労働省の雇止め等に関する基準を参考に判断することとした。

・再雇用契約期間途中での解雇は実務上困難であることがわかったため回避することとした。

トラブル解決のための留意点等

（1）雇止めと解雇

「雇止め」とは、使用者が有期労働契約を更新せずに終了させることをいいます。

契約終了という法的効果を発生させるための「意思表示」（雇止めの意思表示）を使用者が行わなくても、もともとの期間の定めがあることによる効果として、期間満了により契約が終了するものです。

また、「解雇」とは、使用者による労働契約の解約をいいます。

解雇には、無期労働契約の解約と、有期労働契約の契約期間途中の解約（中途解雇）の両方が含まれます。いずれの場合も、民事法上、契約終了という法的効果を発生させるための意思表示（解雇の意思表示）を使用者が行う必要があります。この点は、雇止めの場合に、雇止めの意思表示を行わなくても契約が終了するのとは異なります。

（2）「有期労働契約の締結、更新、雇止め等に関する基準」（平成15.10.22 厚労告357、最終改正令和5. 3 .30厚労告114）について

有期労働契約の締結、更新、雇止めに関しては上記告示にて以下の内容が定められています。

① 雇止めの予告

使用者は、有期労働契約[※]を更新しない場合には、少なくとも契約の期間が満了する日の30日前までに、その予告をすることが必要です（あらかじめその契約を更新しない旨が明示されている場合を除きます）。

※　雇止めの予告の対象となる有期労働契約

第3章　高年齢者雇用のトラブルと対策

■雇止めの予告の対象となる有期労働契約（ア〜ウいずれかに該当する場合、
　予告義務が発生）

> ア．３回以上更新されている場合
> イ．１年以下の契約期間の有期労働契約が更新または反復更新され、
> 　　最初に有期労働契約を締結してから継続して通算１年を超える場合
> ウ．１年を超える契約期間の労働契約を締結している場合

② 雇止めの理由の明示

　使用者は、雇止めの予告後に、労働者が雇止めの理由について証明書を
請求した場合は遅滞なくこれを交付することが必要です。雇止めの後に労
働者から請求された場合も同様です。

　明示すべき「雇止めの理由」は、契約期間の満了とは別の理由とするこ
とが必要です。

　理由については下記の例を参考にしてください。

■「雇止めの理由」の例

> ・前回の契約更新時に、本契約を更新しないことが合意されていたた
> 　め
> ・契約締結当初から、更新回数の上限を設けており、本契約はその上
> 　限に係るものであるため
> ・担当していた業務が終了・中止したため
> ・事業縮小のため
> ・業務を遂行する能力が十分ではないと認められるため
> ・職務命令に対する違反行為を行ったこと、無断欠勤をしたこと等勤
> 　務不良のため

出典：厚生労働省『有期労働契約の締結、更新、雇止め等に関する基準について』2024年4月

179

③ 契約期間についての配慮

　使用者は、契約を1回以上更新し、かつ、1年を超えて継続して雇用している有期契約労働者との契約を更新しようとする場合は、契約の実態およびその労働者の希望に応じて、契約期間をできる限り長くするよう努めることが必要です。

実務のポイント

（1）期間途中の解雇

　有期労働契約を更新する場合は、契約であらかじめ契約期間を定めていますので、契約期間中は契約関係が存続することが前提となっています。有期労働契約を締結している者にとってみれば、少なくとも契約期間中は雇用が保障されているわけです。したがって、本来雇用が保障されているはずの契約期間の途中で、使用者が有期契約労働者を解雇するようなことになると、その者の生活に大きな影響を与えることになってしまいます。このため、使用者側からの期間途中の解雇は、やむを得ない事由がない限り認められません（労働契約法第17条第1項）。

（2）有期労働契約の裁判例

　有期労働契約の雇止めに関する裁判例では、次のような事案について、契約や就労の実態等を勘案して解雇と同様に取扱い、解雇権濫用法理を適用あるいは類推適用して雇止めを無効と判断したものがみられます。

- ・反復更新の実態や契約締結時の経緯等からして、実質的には期間の定めのない労働契約と異ならない事案
- ・実質的に期間の定めのない労働契約とはいえないが、契約が更新されると期待することに合理的な理由がある事案
- ・格別の意思表示や特段の支障がない限り、更新されることを

第3章　高年齢者雇用のトラブルと対策

当然の前提としており、実質的に雇用継続の特約が存在して
いる事案

　このため、契約期間途中の解雇はできる限り避け、会社の経営状
況等を鑑みつつ更新時に契約期間の調整等を行うことが必要となり
ます。

COLUMN

労働契約期間の満了

　有期労働契約では、契約期間が過ぎれば自動的に労働契約が終了
しますが、「3回以上契約を更新」または「1年を超えて継続勤務
している」労働者の契約を更新しない場合、30日前までにその予
告をしなければなりません。
　また、契約が反復更新されていても、実質的に期間の定めのない
契約と認められる場合がある他、客観的・合理的な理由のない雇止
め（期間満了で契約を更新しないこと）は認められない場合がある
ので注意してください。

| CASE 7-2 | 無期転換を避けるための急な雇止めに関するトラブル |

➡第2章　7　高年齢者雇用の終了（雇止め、退職勧奨、解雇）　参照

トラブル概要

　3月末で従来の6カ月更新の有期労働契約が終了する者がいる。4月以降無期転換申込権が発生するため、直前に、会社から雇止めを通告することにした。本人は、事前に何も言われていなかったため、契約は更新されるものと思っていたようだった。会社からの通告があまりに一方的で急なため、この雇止めは無効だと本人が主張し、トラブルとなった。

　また、解決しない場合には、労働基準監督署に相談に行くと会社に言ってきた。

トラブルへの対応

　雇止め等に関する基準については、2024（令和6）年4月から施行された法改正があり、内容等についてかなり変更されていることを会社側も確認していた。その上で今回の雇止めについて改めて検討し、遅刻、欠勤もなく勤務態度が良いことや契約更新回数が多いこと等から従前と同じ労働条件であれば契約を続けてもよいことを本人に伝えた。その後、本人も働く意思が強いため、双方合意し、雇用契約書を作成の上、引き続き勤務することになった。

　また、無期転換については、健康状態等により、更新ごと双方で相談しながら決めていくことで合意した。

今後の対策等

・無期転換申込権発生直前の雇止めは、無効と判断される可能性が高いことを理解し、有期労働契約において更新年限や更新回数の上限（更新上限）

などを設けることについて、社内で検討することとした。

・自動更新に近い状態にせず、更新前に本人の意欲・能力・勤務態度・健康状態を確認することとした。

トラブル解決のための留意点等

(1) 雇止めの無効

雇止めが有効か否かは、労働契約法第19条の「雇止め法理」に基づき判断され、有期労働契約が次の①、②のいずれかに該当する場合に、使用者が雇止めをすることが「客観的に合理的な理由を欠き、社会通念上相当であると認められないとき」は、その雇止めは無効とされます。

---

① 解雇と社会通念上同視できると認められるもの

② 労働者において、有期労働契約の契約期間の満了時にその有期労働契約が更新されるものと期待することについて合理的な理由があると認められるもの

例えば、無期転換ルールの適用を免れる意図をもって、

ア．無期転換申込権が発生する有期労働契約の満了直前に、一方的に、使用者が更新年限や更新回数の上限等を就業規則上設け、当該ルールに基づき、無期転換申込権が発生する前に雇止めをする場合

イ．契約更新上限を設けた上で、形式的にクーリング期間を設定し、期間経過後に再雇用することを約束した上で雇止めを行う場合

等については、雇止めをすることが、客観的に合理的な理由を欠くものとされる可能性もあると考えられます。

なお、上記①②に該当するか否かは、当該雇用の臨時性・常用性、更新の回数、雇用の通算期間、契約期間管理の状況、雇用継続の期待を持たせる使

用者の言動の有無等を総合考慮して個別事案ごとに判断されます。

（2）無期転換申込権発生前の雇止め

　無期転換ルールの適用を免れる意図をもって、無期転換申込権が発生する前の雇止め等を行うことは、「有期労働契約の濫用的な利用を抑制し労働者の雇用の安定をはかる」という労働契約法第18条の趣旨に照らして望ましいものではないとされています。

　また、使用者が有期労働契約の更新を拒否した場合（雇止めをした場合）、労働契約法第19条に定める雇止め法理により、一定の場合には当該雇止めが無効となる場合がありますので注意が必要です。

実務のポイント

（1）契約反復更新の雇止めの有効性

　有期労働契約は、契約期間があらかじめ定められていますので、期間が満了すれば雇用関係が終了するのが原則です。しかし、有期労働契約が何度も更新され、全体として長く雇用関係が継続し、期間の定めのない労働契約と実質的にほとんど変わらない場合があります。

　有期労働契約をめぐる労使当事者間のトラブルで多いのは、期間満了に際して更新するか否かについて労使双方の認識にくい違いがある場合や、それまで契約を更新し続けてきたのに突然次の期間満了をもって使用者が雇止めするような場合です。

　これまで更新されてきた有期労働契約の雇止めの有効性が実際に争われた裁判例では、ほとんど自動更新に近い状態に契約関係が継続していたり、労働者に対して更新を期待させるような使用者の言動があった等の事情を勘案して、実質的に期間の定めのないものと変わらないものとして、その雇止めを「解雇」に準じて考えるべきであると判断した事案も多くみられます（東芝柳町工場事件・昭和49.7.22最判・民集28巻5号927頁、日立メディコ事件・昭和

第3章　高年齢者雇用のトラブルと対策

61.12.4最判・集民149号209頁　等）。

　このため、こうした後日のトラブルを未然に防ぐため、有期労働契約の締結・更新・雇止めの各場面できちんとした手続をしておくことが必要です。

（2）有期労働契約の更新上限設定等

　有期労働契約において更新年限や更新回数の上限（更新上限）などを設けることが、直ちに法律違反となるものではありません（使用者と労働者との間で合意がなされた場合には、労働契約として成立することとなります。）。

　契約締結後に、労働者の合意により就業規則において更新上限を新たに設ける場合、労働者の自由な意思に基づいて合意することが必要となります。また、労働者の合意によることなく就業規則の変更によって更新上限を新たに設ける場合には、使用者側がその就業規則を労働者に周知させ、かつ、その定めの内容が合理的である必要があります（労働契約法第7条、第9条、第10条）。

参考：厚生労働省『無期転換ルールハンドブック～無期転換ルールの円滑な運用のために～』
　　　2024年12月

CASE 7-3 再雇用の休職者に対して退職勧奨することによるトラブル

➡第2章　　7　高年齢者雇用の終了（雇止め、退職勧奨、解雇）　参照

トラブル概要

　定年後の再雇用者が、体調が悪いため休職することになったが、再雇用者用の就業規則は特に作成していないため、口頭で、休職期間は社員の2分の1に設定して休職扱いとした。

　休職期間が満了しても治る見込みがないとの主治医の診断だったため、解雇ではなく退職勧奨で退職してもらうことになり本人に通知した。しかし、本人から退職勧奨には応じられない旨連絡があり、休職期間が短いこと、回復してきているのでもう少し様子をみてほしいとの要望がありトラブルとなった。

トラブルへの対応

　会社としても本人が退職勧奨を拒否してきたため、今後の対応を再度検討することにした。まず、休職期間については、社員と同様の期間とし、主治医からは正式に診断書を取り、復職可能性の有無等についても確認することにした。その上で配置転換等を含めもう少し様子をみることにした。本人にもその旨を伝え納得してもらった。

　なお、定年後の再雇用者も今後増え、体調を崩して休職する者もでてくる可能性があるため、再雇用者用の就業規則を別に作成し、労働基準監督署に届け出ることにした。

今後の対策等

・退職勧奨は労働者の自発的な退職意思の形成を促すものであり、「退職の強制」ではない点を理解した。なお、今後は契約書の記載内容、採用時の

説明、更新手続など有期契約労働者の雇用管理を適切に行うこととした。

・就業規則の休職条項の整備を行うこととし、休職制度の適用対象者、休職開始要件、休職期間、休職期間中の取扱い、復職時の取扱い、復職しないまま休職期間満了になった場合の取扱いなどを定めることとした。

トラブル解決のための留意点等

（1）退職勧奨とは

退職勧奨とは、使用者が雇用する労働者の自発的な退職意思の形成を働きかけるための説得等の行為です。それを受けるか否かは対象とされた労働者の自由意思に委ねられているものをいいます。

使用者が解雇ではなく、退職勧奨を優先的に行うのは、司法上、解雇の有効性が厳格に判断されているためです。

退職勧奨を行うことは原則として自由ですが、その説得のための手段、方法が社会通念上相当と認められる範囲を逸脱する場合には違法となる場合があるので注意が必要です。

退職勧奨が違法なものと判断される典型的な例としては、多数回の長時間にわたる面談、多人数による面談の継続、退職しない旨の明確な意思表示をしているにもかかわらず、退職勧奨を執拗に継続すること等があげられます。

なお、本人から退職勧奨に応じ、退職する旨の意思表示があった場合には、念のため、退職願（退職勧奨受諾書）や退職に関する覚書（確認書）等をとっておくことも必要です。

（2）就業規則の休職条項の整備

休職者に対する対応を円滑に行うためには、就業規則の整備を行っておくことが重要です。就業規則を整備する際の留意点は以下のとおりです。

① 対象者

私傷病休職は、長期雇用を前提とした人材の雇用をできるだけ維持し、復職後も活用することを意図する制度なので、正社員のみを対象とするの

が一般的です。ただし、定年後の再雇用者等についても休職制度を適用する場合には、その旨を明確に定めておくことが必要です。最近では、定年後再雇用者の休職事例が増えてきています。

② 休職期間

休職期間については、各会社でさまざまな内容が定められています。勤続年数に応じて休職期間を定める例が一般的ですが、疾患の種類（精神疾患等）による区分を設ける例もあります。

なお、定年後の再雇用者の休職期間については、社員より短く設定する場合があります。

③ その他休職期間中の取扱い等

前記の他、休職期間中の取扱い（賃金、社会保険料、定期的な病状報告等）、復職時の取扱い（復職の申出手続、リハビリ出勤等）、復職しないまま休職期間満了になった場合の取扱い等も就業規則に明確に定めておく必要があります。

実務のポイント

メンタルヘルス不調者の休職留意事項

メンタルヘルス不調者の場合は、精神疾患があるといえるか否かの判断も問題となります。休職発令の要否を判断するために「医師の治療を受ける必要があると認められる場合には、会社の指定する医師の診断を受けなければならない」旨の受診命令の根拠規定を定めておく必要があります。

また、復職は、休職事由の消滅すなわち治癒が前提となるので、復職申出に際しては、「医師の診断書を添付する」等という規定を設けておくことが必要です。

さらに復職後、再発により労務の提供が不完全となることも、しばしばみられます。この場合には、再度の休職を発令しなければならないのか、その場合、休職は、新たな休職として休職期間を計算

第3章　高年齢者雇用のトラブルと対策

するのか、それとも通算してよいのか等が問題となります。それらの点についても明確にしておくことが必要です。

COLUMN

リハビリ出勤

　主治医や産業医から、通常業務に復することは難しいが、まずは軽易な作業等を行うリハビリ出勤を行うことを勧められることがあります。

　リハビリ出勤については、これを義務づける法令はなく、休職期間中に行う例や復職後に行う例等会社が自由に設計できます。

　ただし、リハビリ出勤中の作業について、リハビリ出勤において労務提供を行ったのか、賃金の支払い義務があるかが問題となる場合があります。リハビリ出勤について無給と合意していてもリハビリ出勤中の軽作業が使用者の指示にしたがって行われ、その作業の成果を使用者が享受しているような場合等には、「労働」（労基法第11条）に当たり、賃金の支払いが必要と判断される可能性もあるので注意してください。

189

| CASE 7-4 | 勤務態度不良の定年後再雇用者の解雇の取扱いに関するトラブル |

➡第2章　7　高年齢者雇用の終了（雇止め、退職勧奨、解雇）　参照

トラブル概要

　定年後の再雇用者で、1年更新の有期雇用の者がいるが、役職を外れ、責任も軽くなったために、以前より仕事に集中せず、何回か注意しても改善されないため、懲戒規定の譴責処分にし、始末書をとったが、勤務態度は変わらなかった。そのため、解雇することとした。その旨を伝えると、有期契約期間中は解雇できないはずだと主張し、労働基準監督署に相談に行くと言い始めた。

　また、解雇する場合には、解雇予告手当を要求する旨伝えてきた。

トラブルへの対応

　労働基準監督署に確認したところ、「会社側の事情ではなく、労働者の勤務態度が問題であるとしてもやむを得ない事由がなければ、契約期間の途中で解雇できない」との回答だった。社内で検討した結果、定年後の再雇用者は1年ごとの有期契約のため、期間途中の解雇はせずに、次回の契約は行わないことにした。その旨本人に話し、本人も了承したため、契約期間満了での退職とすることで合意した。その代わり、雇用保険の失業給付の手続を早く行うことと、契約期間満了の退職理由書を交付してほしいとの希望があったので、会社も速やかに手続する旨を伝えた。

今後の対策等

・契約期間途中の解雇は「やむを得ない事由」がない限り難しいことを理解した。更新時期が近い場合には、期間途中の解雇はせずに雇止めをすることも検討することとした。

第3章　高年齢者雇用のトラブルと対策

・トラブル防止のため、就業規則・労働条件通知書等において事前に解雇事由を明確にしておく。また、解雇事由の規定が少ないため、想定される解雇事由をできるだけ多く定めることとした。

トラブル解決のための留意点等

（1）契約期間途中の解雇

　有期労働契約は、契約であらかじめ契約期間を定めていますので、契約期間中は契約関係が存続することが前提となっています。有期労働契約を締結している労働者にとってみれば、少なくとも契約期間中は雇用が保障されているわけです。したがって、本来雇用が保障されているはずの契約期間の途中で、使用者が労働者を解雇するようなことになると、その労働者の生活に大きな影響を与えることになってしまいます。このため、使用者側からの期間途中の解雇は、「やむを得ない事由」がない限り認められませんので注意してください。

（2）労働契約法第17条

　労働契約法では、第17条第1項において「使用者は、期間の定めのある労働契約について、やむを得ない事由がある場合でなければ、その契約期間が満了するまでの間において、労働者を解雇することができない」と定められています。有期労働契約の期間途中における解約のうち、使用者が行うもの（解雇）については、「やむを得ない事由」がなければ解除できないとの規定は強行規定であり、これに反する合意は無効であること、そして「やむを得ない事由」の立証責任は使用者にあることを明らかにした規定です。

（3）やむを得ない事由

　「やむを得ない事由」とは、一般論としては、期間満了まで雇用を継続することが不当ないし不公平と認められるほど特別重大な事由であるとされ、具体的には、労働者側の事由としては、重い病気等による労働者の就労不能や、業務上横領等の悪質な非違行為等であり、本ケースのような勤務態度不良・能力不足のような場合は契約期間満了時点での退職とすれば足りると判

191

断されることが多いと考えられます。なお、会社側の事由としては、天災事変や経済的事情により事業の継続が困難となった場合が考えられます。

実務のポイント

（1）解雇の手続と解雇予告除外認定、退職証明書等

　上記の通り、実務としては契約期間途中の解雇は非常に難しいものです。それでもなお、解雇しようとする場合には、使用者は、原則として、少なくとも30日前に解雇の予告をしなければなりません（労基法第20条第1項）。

　解雇しようとする日までに30日の余裕がないときは、解雇の予告をした上で、30日に不足する日数分の解雇予告手当（平均賃金×不足日数分）を支払わなければなりません。また、即時解雇する場合には、解雇と同時に解雇予告手当（平均賃金30日分以上）を支払うことになります。

　ただし、例外として、契約期間が短い者（試用期間中で14日以内の者等）を解雇する場合や所轄労働基準監督署長の解雇予告除外認定を受けた場合（天災事変等やむを得ない事情で事業を続けることができなくなったときや労働者の側に即時に解雇されてもやむを得ない事情があるとき）等解雇の予告がいらない一定の場合があります。

（2）退職証明書と解雇理由証明書

　解雇予告をした日から解雇日までの間に、予告を受けた労働者から解雇理由についての証明書（解雇理由証明書）を請求された場合は、使用者は、遅滞なく証明書を交付しなければなりません（労基法第22条）。

　なお、退職後に本人から請求された場合に退職理由等を記載した「退職証明書」を交付しなければなりませんが、これは「解雇理由証明書」とは別のものですので、それぞれ請求されたら遅滞なく交

第 3 章　高年齢者雇用のトラブルと対策

付する必要があります。

COLUMN

解雇事由の明示・就業規則等への記載

　どのような場合に解雇されるのか（解雇事由）については、始め
の労働契約締結時に労働条件の1つとして書面で明示しなければな
りません（労基法第15条第1項）。

　また、就業規則等にも、あらかじめ解雇事由を記載しておかなけ
ればなりません（労基法第89条）。

　このように、事前に解雇事由を明確にしておくことが、後で労使
間のトラブルにならないための予防策でもあります。

　実務上は、あらかじめ就業規則、労働協約あるいは個別の労働契
約に解雇に関する定めをしておき、解雇する場合には、これらの根
拠が必要と考えられています。

8 高年齢者雇用における人事・労務管理上のトラブル防止実務

> ### CASE 8-1　再雇用者の副業を拒否したことによるトラブル

➡第2章　**8　高年齢者雇用における人事・労務管理上の課題** 参照

トラブル概要

　定年後再雇用された者が、勤務日数、勤務時間ともに少なくなったため、副業を行いたいと会社に相談があった。

　就業規則では許可制となっているため、副業先の業務内容等を詳細に記入して提出するように指示をした。

　そして、副業の業務内容等を検討した結果、拒否することとした。夜間に週4〜5日、1日2〜3時間働く予定とのことだったが、夜間勤務は通常の業務に支障をきたす可能性があるため拒否した。後日、本人から拒否理由について明確でないため納得がいかないと抗議がきてトラブルとなった。

トラブルへの対応

　会社の人事担当者もいわゆる働き方改革等により、厚生労働省のモデル就業規則が従来の副業禁止から原則として副業が自由であることに改定されているのはわかっていた。そのため、副業を認める方向で就業規則も変更することを予定していた。ただし、まだ社内での調整が行われていなかったため、現段階では副業を原則禁止することとしていた。

　本人には、人事として早急に就業規則を改定し、副業を認める方針で労働基準監督署に届出することを説明し、できるだけ早く見直しを行う予定である旨を伝えて了解してもらった。

　また、就業規則の変更手続が終了したら社内周知するので、副業の業務内

容、予定している勤務日数・勤務時間等の確定情報を会社に連絡することができるようにしておくよう本人に伝えた。

今後の対策等

・就業規則での副業・兼業の取扱いについて再確認し、原則として副業を認める方向で就業規則の見直しを行うこととした。

・副業を許可した場合は、副業を行っている労働者の労働時間管理・健康管理等に留意することにした。そのため、①副業を認める範囲や手続の検討、②副業先での労働時間の把握、③労働者の健康管理、④秘密保持義務・競業避止義務の遵守などについて定めることを検討することとした。

トラブル解決のための留意点等

（1）副業・兼業禁止とガイドライン

　副業・兼業の取扱いについては、裁判例でも「労働者は、勤務時間以外の時間については、事業場の外で自由に利用することができるのであり、使用者は、労働者が他の会社で就労（兼業）するために当該時間を利用することを、原則として許されなければならない」（マンナ運輸事件・平成24.7.13京都地判・労判1058号21頁）とされ、労働者が労働時間以外の時間をどのように利用するかについては、基本的には労働者の自由であるため、副業・兼業を制限することは原則としてできないとされています。

　ただし、「副業・兼業の促進に関するガイドライン」（2018（平成30）年1月策定、2022（令和4）年7月最終改定）では、副業・兼業により、以下のケースについては、例外的に副業・兼業を禁止・制限することができることとされています。

① 労務提供上の支障がある場合
② 業務上の秘密が漏洩する場合
③ 競業により自社の利益が害される場合

④ 自社の名誉や信用を損なう行為や信頼関係を破壊する行為がある場合

（2）厚生労働省モデル就業規則の見直し

　従前、厚生労働省のモデル就業規則では、「許可なく他の会社等の業務に従事しないこと」が遵守事項とされ、これに違反した場合は懲戒事由として挙げられていたため、原則として副業が禁止であるような記載となっていました。

　このモデル就業規則が、いわゆる働き方改革や裁判例を踏まえ、2018（平成30）年1月以降、「労働者は、勤務時間外において、他の会社等の業務に従事することができる。」等、原則として副業が自由であることを前提とした規定に改められています。

実務のポイント

（1）就業規則の見直し

　　裁判例の状況、モデル就業規則の見直し等を踏まえ、会社としても、就業規則で副業・兼業を禁止している場合は、これを見直すことが必要です。

　　また、副業禁止について、就業規則に懲戒処分等を定めてあっても、就業規則を改定するまでは、懲戒処分や解雇を行わないようにすることが必要です。処分等を行わない限りは事実上紛争となる可能性は低いと思います。なお、実務上可能な範囲でできるだけ早く見直しを行うことが必要です。

　　また、定年後再雇用者等の勤務日数等が少ない者の副業が増えています。再雇用者等の就業規則の見直しも必要となります。

（2）副業の健康管理

　　副業により長時間労働となり、体調が悪化した場合には、使用者としては、労働者が心身の健康を害することを防ぐため、負担を軽

第3章　高年齢者雇用のトラブルと対策

減し、心身の不調を悪化させないように配慮することが必要となります。

　自社（本業先）と他社（副業先）との労働時間を通算して長時間労働となっている場合には、会社は、リスク回避の観点から、安衛法を上回る健康確保措置の実施を検討することも必要です。

　副業を行う社員に対して十分な健康教育を行ったり、相談窓口を設置する等により、社員の自己管理を支援する措置を取っておくこと等も有用となります。その他、通算して長時間労働とならない範囲でのみ副業を許可したりする場合もあると考えます。

COLUMN

休職期間中の副業・兼業等

　休職期間中であっても労働者には誠実義務があるので、競合行為をすることはできず、また、私傷病で療養休職中であれば療養に専念すべき義務があります。療養休職中に他社で就労することは、労働契約に基づく労務提供義務違反となります（労基法第2条第2項、労働契約法第3条第4項）。

　なお、就業規則に「休職中の労働者は、正常な労務提供を行うことができるように、療養に努めなければならない」と規定しておくことも必要です。

参考：厚生労働省『副業・兼業の促進に関するガイドライン　わかりやすい解説』2022年10月

| CASE 8-2 | 再雇用時に賃金を減額することによるトラブル |

	1 高年齢者雇用における労働条件等の明確化	
➡第2章	6 高年齢者雇用における就業規則等の整備	参照
	8 高年齢者雇用における人事・労務管理上の課題	

トラブル概要

　同時期に定年後再雇用となる者が３人いる。３人とも定年後再雇用により賃金水準が減額となる予定でいる。所属や仕事の内容等は３人とも異なるが、会社の賃金制度として定年後の再雇用の場合は別体系となる。その旨をそれぞれの上司から本人たちに伝えるように指示をした。しかし、上司からの説明がうまく伝わらなかったため、賃金減額、賞与不支給と捉えられ、３人からなぜそうなるのか説明を求められトラブルとなった。再度、上司ではなく、人事責任者から明確に説明することを要求されたため、人事部長が個別に対応することになった。

トラブルへの対応

　人事部長は再雇用者３人を個別に呼び説明を行った。一番関心の高い賃金について、減額はするが定年時の７割から８割の間で業務内容や責任の程度等を勘案して基本となる水準を決めると回答した。

　また、賞与についても支給しないのではなく、再雇用者については、社員とは違う評価制度で計算し、それぞれ支給することを説明した。

　さらに、勤務日数や時間、それに残業の有無等の労働条件が社員のときとはかなり違ってくること、責任の度合も異なることなどが賃金減額等の主な理由であることを十分に説明した。

　なお、再雇用契約時には、書面交付の上、労働条件について詳細に説明することを約束して、３人ともに了解を得た。

第3章　高年齢者雇用のトラブルと対策

今後の対策等

・定年後再雇用時に賃金の減額を行う際は、合理的な裁量の範囲内での条件となっているか、職務の内容・勤務日数・労働時間等の確認を行うこととした。

・賞与不支給は不合理と判断される可能性が高いため、正社員とは異なる賞与制度だが、会社業績を反映させた賞与支給基準を作成することとした。

トラブル解決のための留意点等

（1）定年後再雇用時の賃金水準減額

　定年後に継続雇用する制度を導入し、再雇用を行う場合の労働条件について、厚生労働省は、「合理的な裁量の範囲の条件を提示していれば、（…）高年齢者雇用安定法の違反にはならない」との見解を示しています[※]。

　定年後の再雇用において賃金の減額を一定程度行うに当たっては、少なくとも職務の内容（業務の内容、責任の程度）および職務の内容・配置の変更の範囲のいずれかについて、再雇用時点において変更することが重要です。

　なお、勤務日数・労働時間を減少させることとセットで検討することも必要です。

　また、定年後再雇用者については、職務の内容等の変更と併せて正社員の月給制と異なる時給制にする等して変更を加えることも考えられます。

[※]　厚生労働省「高年齢者雇用安定法Q＆A（高年齢者雇用確保措置関係）」A1－9
　　　https://www.mhlw.go.jp/general/seido/anteikyoku/kourei2/qa/

（2）再雇用者の賞与の不支給

　賞与については、定年後再雇用者であっても会社の業績に何らかの貢献があることは通常否定できない以上、社員とは異なる賞与制度を採用したとしても、賞与を一切支給しないことは不合理と判断される可能性があることに注意が必要です。

　会社業績への貢献が正社員と同じであれば、再雇用者にも同様の賞与を支給し、一定の違いがあれば、違いに応じた賞与を支給することが必要です。

実務のポイント

（1）定年後再雇用者の賃金決定基準

　賃金を決定する際は、労働の対価として、本人の担当職務（遂行の困難さ、責任の重要性）や本人の職務遂行能力のレベルを公正に評価し、それにふさわしい金額を支払うのが一般的です。

　定年後の再雇用者についても、「どのような職務に従事させるか」や「職務遂行能力のレベルはどの程度か」等を個別に勘案して賃金を決定するのが合理的です。

（2）定年後再雇用者の能力再開発と職務再設計

　高齢化に伴って身体的機能は低下しますが、精神・知的機能面では個人によるばらつきが大きいものの、65歳ぐらいまでは低下しないといわれています。

　年齢やその人の機能に合った職務を担当させることや、仕事をするうえで支障のある点を改善し、高齢者の優れた点を活用するような能力開発が必要であると考えられます。

　また、加齢に伴って視覚・聴覚等の感覚機能、筋力・体力、精神機能等が低下してきて作業能率の低下、ミスや災害の発生等マイナス面が出てきますので、職場環境を改善したり作業方法を変更すること等も必要となります。

参考：厚生労働省『無期転換ルールハンドブック～無期転換ルールの円滑な運用のために～』
　　　2024年12月

第3章　高年齢者雇用のトラブルと対策

CASE 8-3　介護休業を拒否したことによるトラブル

➡第2章　8　高年齢者雇用における人事・労務管理上の課題　参照

トラブル概要

　配偶者が要介護状態になった高年齢の従業員から、介護休業の申出があったが、会社は労使協定で除外されているという理由で拒否した。定年後の再雇用契約で週2日勤務に変更になり、除外対象というのが理由だった。ただし、介護休業規程には、労使協定を締結した場合に「1週間の所定労働日数が2日以下の従業員」は除外する旨定めているが、労使協定を結んだ記憶もなく、会社にも労使協定は残っていなかった。そのため労使協定がなければ除外できないと主張され、トラブルとなった。

トラブルへの対応

　会社が行政に確認したところ、労使協定をきちんと結んでいないのであれば、根拠がないので介護休業を認めるべきとの回答があった。そのため、今回は介護休業の申出を受理し、休業を認めることにした。また、その旨を本人に説明し、速やかに介護休業の申出の手続を行うように伝えた。

　なお、今後も他の従業員からの介護休業の申出が想定されるため、速やかに労使協定を結んで、規程の内容と合うようにすることにした。

　さらに、介護休業規程も過去の法改正に対応できていない状況だったため、全面的に見直すことにした。

今後の対策等

・法改正が頻繁に行われるため、現状の就業規則・労使協定で問題がないか見直しを行う。その際、労使協定で除外できる対象者についての取扱いについても検討を行うこととした。

201

トラブル解決のための留意点等

（1）労使協定による介護休業の除外

　介護休業をすることができないとする労使協定があれば、以下の労働者については、対象から除外することができます（育児・介護休業法第12条第2項、育児・介護休業法施行規則第24条）。

---

　① 勤続1年未満の従業員

　② 申出の日から93日以内に雇用関係が終了することが明らかな従業員

　③ 1週間の所定労働日数が2日以下の従業員

　ただし、除外する旨を明記していたとしても、実際に労使協定を締結していない場合は、締結するまでは除外できないため、申出があれば当該労働者は介護休業の対象となります。

（2）要介護状態の証明書類等の提出

　育児・介護休業法に基づく介護休業制度の「要介護状態」とは、「2週間以上の期間にわたり常時介護を必要とする状態」のことを指します。

　なお、介護保険の要介護認定の結果通知書や医師の診断書の提出を制度利用の条件とすることはできませんので注意してください。

　実務のポイント

　（1）労使協定

　　労使協定とは、事業所ごとに労働者の過半数で組織する労働組合があるときはその労働組合、労働者の過半数で組織する労働組合がないときは、労働者の過半数を代表する者と事業主との書面による協定をいいます。

　　労使協定を締結する場合、介護休業に関し、育児・介護休業法で労働者の権利として定められたものより労働者に有利な条件を設定

第3章　高年齢者雇用のトラブルと対策

することは、労働者の福祉の増進を目的とするこの法律の趣旨からも当然許されます。

逆に、介護休業の対象となる労働者の範囲をこの法律で示された範囲より狭くすること、対象家族の範囲、休業期間、申出の手続についてこの法律の規定より厳しい条件を設けること等は許されないので注意してください。

（2）有期契約労働者等の介護休業

「介護休業」とは、負傷、疾病または身体上もしくは精神上の障害により、2週間以上の期間にわたり常時介護を必要とする状態にある対象家族を介護するためにする休業をいいます。

日々雇い入れる者は介護休業することはできません。

また、期間を定めて雇用される有期契約労働者は、申出時点において、次のいずれにも該当すれば介護休業を取得することができます。

---

① 同一の事業主に引き続き1年以上雇用されていること
② 取得予定日から起算して93日を経過する日から6カ月を経過する日までの間に、労働契約（更新される場合には、更新後の契約）の期間が満了することが明らかでないこと

なお、労使協定で対象から除外すると定められた一定の労働者は介護休業を取得することはできません。

参考：厚生労働省・都道府県労働局雇用環境・均等部（室）『育児・介護休業法のあらまし』（パンフレットNo.18）2024年1月
　　　厚生労働省・都道府県労働局雇用環境・均等部（室）『就業規則への記載はもうお済みですか―育児・介護休業等に関する規則の規定例―』（パンフレットNo.19）2024年1月

【著者略歴】

小林　包美（こばやし　かねよし）

青山学院大学大学院法学研究科修士課程修了

特定社会保険労務士

東京簡易裁判所民事調停委員（2004年〜2022年）

法務省入国・在留審査事務従事者研修講師（2006年〜2019年）

東京紛争調整委員会委員（2008年〜2018年）

東京都社会保険労務士会理事（2001年〜2007年）

社労士会労働紛争解決センター東京プロジェクト委員（2008年〜2009年）

社労士会労働紛争解決センター東京運営委員（2009年〜2013年）

【著　　書】

『実例から学ぶ　パートタイム労働者のトラブル解決と防止策のすべて
　―働き方改革関連法対応―』（2019年、第一法規）

『今すぐできる！　中小企業の介護離職防止対策と制度づくり
　―事例から学ぶ働き盛り社員を離職させないための本―』（2017年、第一法規）

『個別労働紛争あっせん制度の実務と実践
　―60の事例から学ぶ和解のポイント―』（2014年、第一法規）

『こんなときどうする　労働・社会保険事務手続きＱ＆Ａ』
　（加除式書籍）（第一法規・共著）

『こんなときどうする　労働・社会保険事務手続き
　＝届出の実務　チェックリスト式＝』（加除式書籍）（第一法規・共著）

『こんなときどうするネット　会社で使える書式と文例プラス』
　（WEB商品）（第一法規・共著）

ほか

サービス・インフォメーション
━━━━ 通話無料 ━━━━

① 商品に関するご照会・お申込みのご依頼
　　　　TEL 0120(203)694／FAX 0120(302)640
② ご住所・ご名義等各種変更のご連絡
　　　　TEL 0120(203)696／FAX 0120(202)974
③ 請求・お支払いに関するご照会・ご要望
　　　　TEL 0120(203)695／FAX 0120(202)973

●フリーダイヤル（TEL）の受付時間は、土・日・祝日を除く
　9：00〜17：30です。
●FAXは24時間受け付けておりますので、あわせてご利用ください。

実際の相談事例でわかる！
高年齢者雇用のトラブル対応実務

2025年3月20日　初版発行

著　者　　小　林　包　美

発行者　　田　中　英　弥

発行所　　第一法規株式会社
　　　　　〒107-8560　東京都港区南青山2-11-17
　　　　　ホームページ　https://www.daiichihoki.co.jp/

相談高齢者雇用　ISBN 978-4-474-04804-1 C2034（1）